FACULTÉ DE DROIT DE PARIS.

THÈSE

POUR LE

DOCTORAT

SOUTENUE PAR

ISIDORE JULLIEN
Avocat à la cour impériale de Paris

PARIS
GUSTAVE RETAUX, LIBRAIRE-ÉDITEUR
RUE CUJAS, 15

1868

ussi nombreuses ni d'aussi belles collections de
bustes. Quelques lots auraient tenu leur place
aux grandes Expositions parisiennes. Je dois
e grande partie du succès qu'a obtenu l'Expo
Société d'Horticulture de Picardie est due au dé-
son honorable Président, M. Mennechet, qui ne
aucune fatigue ni aucun ennui, lorsqu'il s'agit
qu'il préside avec tant de zèle.
s été appelés à juger 16 lots exposés par des ama-
lots appartenant à des horticulteurs-marchands.
bre de ces lots étaient très-beaux et prouvaient
nt que l'horticulture est en honneur en Picardie,
u'elle y est en progrès.
ous parler des principaux lots qui ont obtenu les
appeler votre attention sur la culture maraî-
eue d'Amiens, qui est fort curieuse. Outre
l'approvisionnement de la ville, elle exporte en-
masses de légumes. Les hortillonnais (nom que
niers maraîchers d'Amiens) ont su conquérir
de la Somme, qui arrivaient jusque sous les
lle, tous ces riches jardins où l'on voit une si
ure maraîchère, lorsqu'on les traverse en che-
vant d'entrer à la gare d'Amiens. Voici le travail
ur créer l'hortillon. De petits canaux ont été
us sens, et la terre en a été jetée sur les parties
relever et les soustraire par là aux inonda-
es talus de ces petits terre-pleins sont plantés
pres à en maintenir la terre. On a eu soin de
cultivé for ant uion une île lon ue,

qui sillonnent en tous sens l'hortillon, qui pourrait être c
paré à une petite Venise, ils transportent sur de petits bâte
plats tous les légumes de leurs jardins, jusqu'au ma
même, et ils ramènent les mêmes bâteaux chargés des fum
de la ville ; jamais, comme vous le voyez, le problème
transport à bon marché n'a été mieux résolu. Vu l'humi
du sol, on ne fait pas de primeurs dans l'hortillon, et m
quelquefois, quand le printemps est froid, les premier
gumes frais se font un peu attendre. Les petits Pois font g
ralement leur apparition vers le 25 mai. — Nous avons
gretté de n'avoir à juger qu'un seul lot de légumes prover
de l'hortillon. On y remarquait de très-belles Salades,
Artichauts déjà assez gros, des Choux, des Carottes, des Ra
et tous les autres légumes qui entrent dans la cuisine. A
une médaille d'argent de Son Excellence le Ministre de l'A
culture a-t-elle récompensé M. Mille qui avait exposé ce
gnifique lot de légumes.

Ne voulant pas abuser plus longtemps des moments d
Société, je vais me hâter de terminer ce rapport en vou
gnalant brièvement les exposants qui ont remporté les
dailles d'or.

1° La médaille d'or de Sa Majesté l'Empereur a été déce
à M. le vicomte de Forceville, à Amiens, pour ses magnifi
collections de *Begonia*, de *Caladium*, de plantes variée
serre chaude. On remarquait dans cette collection de b
spécimens de *Balantium antarcticum*. M. de Forceville a
aussi exposé un superbe *Rhododendron*, un arbre vérita
ayant au moins deux mètres et demi de hauteur, et d'un
parfaite. Son exposition était complétée par

FACULTÉ DE DROIT DE PARIS

ÉTUDE

SUR LES

COURS D'EAU

EN DROIT ROMAIN

LA

LÉGISLATION DES IRRIGATIONS

EN DROIT FRANÇAIS

THÈSE POUR LE DOCTORAT

PAR

ISIDORE JULLIEN

Né à Daméraucourt (Oise)

AVOCAT A LA COUR IMPÉRIALE DE PARIS

soutiendra sa thèse le mercredi 8 juillet 1868 à midi

En présence de M. l'inspecteur général, CH. GIRAUD.

PRÉSIDENT : M. VUATRIN

SUFFRAGANTS : MM. COLMET DAAGE, ORTOLAN — PROFESSEURS

GIDE, LÉVEILLÉ — AGRÉGÉS

PARIS

GUSTAVE RETAUX, LIBRAIRE-ÉDITEUR,

Rue Cujas, 15

1868

A MES PARENTS

—

A MES AMIS

DROIT ROMAIN

DROIT ROMAIN

DES COURS D'EAU

Le régime des eaux chez les Romains est loin d'offrir tout l'intérêt que les progrès de l'industrie manufacturière et agricole sont venus lui donner de nos jours. Mais, comme l'étude de notre législation sur les irrigations peut s'éclairer utilement des données les plus anciennes, nous examinerons dans cette première partie de notre travail : quelle situation le droit de Rome faisait aux riverains des cours d'eau, quels droits leur étaient reconnus, quelles charges imposées, quelles protections enfin et quelles sanctions attachées à ces divers droits et obligations. Ces questions appellent un examen préalable, une détermination exacte du caractère légal des différents cours d'eau, et leur solution s'y trouve rattachée d'une façon si intime que nous avons renoncé à donner à notre sujet une division méthodique, préférant l'ordre et l'enchaînement logique des idées à l'harmonie trop souvent factice des classifications.

En tant qu'élément simple, l'eau courante est chose commune aussi bien que l'air et la mer (§ 1 Instit. liv. II, tit. 1, *De divisione rerum*). — Cela veut dire qu'elle ne peut être l'objet d'une appropriation distincte, que chacun peut en user librement, que ce qu'il puise dans le courant ne devient sien que par l'effet de l'usage, de l'occupation. — Comme élément complexe, c'est-à-dire non séparé du lit et des rives qui la supportent et l'encaissent, l'eau courante, désignée d'une manière générale sous le nom de *flumen (a fluere)*, devient une *res publica*; « Flumina autem omnia et portus publica sunt » (loi II, *Eod. loc.*) — L'attribution se restreint ici quelque peu par l'idée d'une juridiction réservée au peuple sur le territoire duquel l'eau a son parcours, et cela pour empêcher ce qui nuirait à l'usage et à la destination naturelle de la chose publique. C'est donc la seule dépendance du territoire qui établit cette nuance entre la chose publique et la chose commune, nuance d'ailleurs si légère, que le jurisconsulte Marcien ne les séparait pas (loi IV, *De divisione rerum*, Dig.).

Au point de vue de la haute juridiction de l'État sur les cours d'eau, nous n'avons aucun reproche à faire à la généralité de la formule: « Flumina autem omnia sunt publica. » Nous nous réservons seulement d'en apprécier la véritable portée quand il s'agira d'opposer les *res privatæ* aux *res publicæ*, les biens des particuliers au domaine national. — On sait, en effet, que l'expression « publicæ res » correspond à la fois à nos choses du domaine public et à nos choses du domaine de l'État, les unes et les autres ne reconnaissant qu'un maître, l'État ou le corps moral de la nation, mais les premières soumises à une appropriation moins complète que les secondes, parce qu'elles sont affectées naturellement ou civilement à l'usage du public, tandis que l'État se réserve exclusivement les produits et la jouissance des autres comme le ferait un particulier. Nous examinerons alors s'il est bien vrai que tous les *flumina* soient en dehors de la propriété privée.

Ce qui, pour le moment, est incontestable, c'est que l'on a reconnu dès les temps les plus reculés la nécessité de l'intervention de l'État dans la police des cours d'eau. L'intérêt public commande que ces voies de communication soient libres, qu'aucun obstacle n'y puisse être impunément apporté par la malveillance, que l'intérêt privé ne puisse lui-même par ses entreprises préjudicier au bien général ; en un mot que la jouissance de tous soit maintenue libre et intacte en face de la jouissance privée.

L'intérêt de la navigation est celui que le législateur romain a le plus à cœur, parce que la navigation est la principale utilité qu'offre l'eau courante. — Le droit d'y puiser pour les besoins domestiques, d'y abreuver les troupeaux, est aussi formellement consacré : « Hoc jure utmur, dit Pomponius, ut etiam non ad irrigandum, sed pecoris causa vel amœnitatis, aqua duci possit (loi III pr., *De aqua cottidiana*, liv. XLIII, tit. 20, Dig.)

Le droit d'arrêter l'eau à son passage, de la conduire dans des canaux d'irrigation à travers les propriétés riveraines pour fertiliser le sol, est soumis au respect de l'intérêt supérieur de la navigation : « Si flumen navigabile sit, non oportere prætorem concedere ductionem ex eo fieri, Labeo ait, quæ flumen minus navigabile efficiat. Idemque est et si per hoc aliud flumen fiat navigabile. » (Ulpien, loi X, § 2, *De aqua et aquæ pluviæ arcendæ*, liv. XLIX, tit. 3, Dig.) (Item Pomponius, Loi II, *De fluminibus*, liv. XLIII, tit. 12. Dig.). — Il peut rencontrer aussi le droit parallèle de coriverains intéressés au même titre : « Ex flumine aquam ducere plures possunt ; ita tamen ut vicino non noceant ; vel si angustus amnis sit, etiam ei qui in alia ripa sit. » (Pomponius, loi III, § 1, *De aqua cottidiana*, liv. XLIII, tit. 20. Dig.). Ainsi donc, profits nécessaires, profits utiles, et même profits de pur agrément, doivent être tous garantis par l'autorité supérieure suivant leur degré d'importance, l'intérêt général commandant à l'intérêt particulier, mais l'un n'exigeant de l'autre que ce qui est strictement nécessaire à l'indépendance de son action. Voyons comment la législation romaine avait résolu ce problème.

La première distinction faite à Rome entre les différents cours d'eau est basée sur leur volume et leur importance. Il y a le *flumen* et le *rivus*. — « Flumen a rivo magnitudine discernendum est, aut opinione circumcolentium (Ulpien, loi I, § 2, liv. XLIII tit. 12. Dig, *De fluminibus*. » — « Rivus, d'après la définition que nous en donne la loi I, § 2 *De rivis* (liv. XV, tit. 21. Dig.), est locus per longitudinem depressus quò aqua decurrat. » ; définition assez peu satisfaisante à cause de sa généralité qui la rend applicable aux cours d'eau les plus importants en même temps qu'à de simples canaux ou fossés de dérivation. — Festus en donne une plus exacte : « Rivus vulgo appellatur tenuis fluor aquæ, non specu incilive factus, verum naturali suo impetu, sed et ii rivi dicuntur qui manu facti sunt sive super terram fossa, sive subter specu, cujus vocabuli origo ex græco ρειν pendet. »

Ainsi le mot rivus s'applique à la fois aux petits courants qui se sont formé un lit par les propres forces de leurs eaux, et aux conduites d'eau ou canaux creusés de main d'homme. Et il est évident que lorsque nous opposons le rivus au flumen, nous prenons le mot dans la première acception.

L'étude des textes montrera tout à l'heure des flumina *publica*, et des flumina non publica ou *privata*, en dépit de cette assertion de Justinien dans ses Institutes : « Flumina autem omnia et portus publica sunt ; » assertion qui peut s'expliquer d'ailleurs, comme nous l'avons fait pressentir, par l'idée d'une juridiction supérieure et indépendante de l'Etat sur tous les cours d'eau de son territoire. Nous sommes d'avis en même temps qu'une distinction des petits cours d'eau, des rivi, en rivi publici et rivi privati, ne serait point aussi hasardée qu'on pourrait le croire. Cette opinion trouverait un fondement sérieux dans la lettre de certains textes et surtout dans le mode général de constitution de la propriété romaine. — Ainsi, d'une part, on pourrait conclure à l'existence de rivi publici par a contrario de cette phrase tirée de la loi VI *finium regundorum*, Dig. : « Sed si rivus privatus intervenit, finium regundorum agi potest. » Et d'autre part, rien ne s'oppose à ce que dans la distribution du sol les petites rivières aient été assimilées aux grandes, quelques-unes réservées à l'Etat, pendant que le plus grand nombre était incorporé dans la propriété privée. Nous reconnaissons cependant que leur peu d'importance, leur inaptitude générale au service de la navigation, qui exemptaient le préteur de prendre à leur égard des mesures de police, ont dû consacrer en faveur des riverains de ces petits cours d'eau un droit de propriété d'autant mieux assuré que l'on n'avait moins d'intérêt à le contester.

Le jurisconsulte Cassius, paraît-il, définissant le flumen publicum par son principal attribut, déclare « publicum flumen esse quod perenne sit. » Si la définition était parfaitement exacte, flumen *perenne* et flumen *publicum* seraient une seule et même chose. Mais il est inadmissible que la pérennité suffise à faire d'un fleuve une chose publique. — Que les Romains, se plaçant bien plus au point de vue de la juridiction prétorienne qu'au point de vue du droit domanial, ne reconnussent point de fleuves publics qui ne fussent pérennes, voilà qui se pourrait expliquer. Mais, sans nous arrêter aux graves motifs que nous pourrions tirer de l'origine de la propriété romaine et que nous exposerons plus loin, disons tout de suite qu'il n'est point croyable qu'un petit filet d'eau soit un flumen publicum, parce que de mémoire d'homme il n'a point tari, et que toute la procédure des interdits doive être mise en mouvement pour un si mince intérêt. Tout ce que nous pouvons conclure de ce texte, c'est que toute rivière qui n'est pas pérenne n'est pas publique en ce sens qu'elle ne tombe pas sous la juridiction de police du préteur.

Cependant, suivant la remarque d'Ulpien (loi I, § 2 *de fluminibus* Dig.), il ne faut pas s'attacher d'une façon trop absolue à ce caractère de pérennité, ni par suite, comprendre dans la classe des eaux intermittentes dites *torrentia*, le fleuve qui pendant une seule saison aura cessé de couler ; « si tamen aliqua æstate exaruerit quod alioquin perenne fluebat, non ideo minus perenne est. »

Ainsi tout cours d'eau non pérenne échappe à l'application des interdits, et nous en trouvons le motif dans ce défaut d'intérêt constaté déjà à propos des simples ruisseaux, et dans l'inaptitude habituelle des mêmes cours d'eau à se prêter aux usages publics les plus intéressants. — Cependant il faut dès à présent remarquer que les Romains n'attachaient point à la navigabilité des rivières toute l'importance qu'y donne notre législation. Alors que chez nous la navigabilité détermine à elle seule la condition légale des cours d'eau, elle n'est chez les Romains qu'une considération accessoire. Nullement attributive de propriété pour le domaine public, elle est purement déterminative de la juridiction du préteur, s'il se produit relativement aux cours d'eau certains faits préjudiciables à l'intérêt général. De là il résulte que la division des rivières en navigables et non navigables cesse d'avoir tout intérêt quand il s'agit de *flumina privata* auxquels ne s'appliquent point les interdits prétoriens. — Cette divergence entre le droit romain et notre législation française nous explique comment on a pu trouver dans les lois romaines des textes en apparence contradictoires, les uns favorisant l'opinion qui de nos jours attribue à l'État la propriété des rivières non navigables ni flottables, les autres favorisant l'opinion qui au contraire attribue cette propriété aux riverains. C'est que l'on a eu souvent le tort de considérer comme identiques des points de départ essentiellement différents.

A propos de l'interdit *Ne quid in flumine publico*, etc. Ulpien (loi I, § 1. *De fluminibus*, Dig.), s'exprime en ces termes : « Hoc interdictum ad flumina publica pertinet ; si autem flumen privatum sit, cessabit interdictum. » L'interdit, voilà l'objectif de la distinction faite entre les divers cours d'eau : application de certains interdits, si la rivière est publique ; rejet, si la rivière est privée.

Savoir qu'un fleuve public tombe directement sous la juridiction de police aide assez peu à déterminer la nature et le caractère juridique des cours d'eau. Nulle part d'ailleurs la législation romaine ne nous en offre une définition précise. Nous trouvons bien (loi I, § 3, *De fluminibus*, Dig.), cette phrase d'Ulpien : « Flumina quædam publica sunt, quædam non. Publicum flumen esse Cassius definit quod perenne si. Hæc sententia Cassii quam et Celsus probat, videtur esse probabilis. » — L'interprétation littérale du texte, avons-nous déjà dit, conduirait à reconnaître le caractère de fleuves publics à tous fleuves pérennes. C'est ce que des auteurs, Bartole et Voët sont de ce nombre, ont cru pouvoir admettre. A l'origine, on se serait attaché, pour classer les cours d'eau, à la pérennité, signe distinctif qui frappe tout d'abord l'œil le moins observateur : et quand plus tard le progrès de la civilisation eut introduit un domaine de l'État en regard du domaine privé, ce cachet de la pérennité aurait servi à différencier ce que comprenait l'un ou l'autre de ces domaines. — Cette interprétation tendrait à multiplier singulièrement le nombre des fleuves publics, et si l'on songe que la non-navigabilité n'empêchait point à Rome l'application de l'*usus publicus* aux rivières, on arriverait forcément à conclure dans ce système que le nombre des *flumina privata* devait être excessivement restreint. Le torrent seul rentrerait dans l'appropriation privée. Mais, en pareil cas, le peu d'importance, l'irrégularité des eaux torrentielles, empêchant de les utiliser soit pour la navigation, soit pour l'irrigation, ce système ferait encore une condition bien précaire aux riverains, quand ils devraient au contraire être dédommagés des inconvénients inséparables du voisinage de l'eau.

Il est nécessaire, pour se rendre bien compte du sens que peut avoir la proposition d'Ulpien, de se placer au point de vue qu'avait choisi le jurisconsulte quand il traçait ces lignes. Commentant l'édit du préteur sur la réglementation de la navigation, il se demandait si l'édit devait s'appliquer indifféremment à tous les cours d'eau. — On sait, devait-il se dire, qu'il y a des fleuves publics et des fleuves qui ne le sont pas. On sait aussi que l'édit, la loi de police, s'applique aux premiers, point aux seconds. Qu'appellerons-nous donc fleuves publics dans toute la force du terme, c'est-à-dire fleuves dont l'usage est commun, mais qui en même temps sont soumis à l'édit du préteur sur la navigation ? Ceux là seulement qui sont pérennes. Quant aux fleuves publics non pérennes, si parfois le volume considérable de leurs eaux justifiait l'extension de l'édit, l'hésitation, ce me semble, devrait disparaître devant cette considération que ces eaux ne sont point navigables en tout temps. — Ulpien, on le voit, n'ose affirmer sa solution, « hæc sententia videtur esse probabilis » — Le doute se comprend en effet quand il s'agit de reléguer hors de la catégorie des cours d'eau soumis à l'interdit une rivière d'ailleurs importante, mais dont le cours subit des interruptions périodiques. Mais comprendrait-on qu'étant admis en principe que tout fleuve pérenne est public, Ulpien eût hésité et eût eu besoin d'invoquer l'autorité de Celsus et de Cassius pour donner à la reproduction de cette idée une simple apparence de fondement, pour en établir la probabilité ? Ce qui d'ailleurs est une nouvelle preuve que la pérennité n'est point le caractère distinctif des eaux publiques, c'est qu'il y a des canaux, des fossés, des étangs, qui peuvent être publics alors même qu'ils ne sont que temporairement couverts par les eaux : « *possunt* etiam hæc esse publica, » porte la loi unique § 6 Dig. *Ut in flumine publico navigare liceat.*—

A cet argument d'analogie qui a d'autant plus de valeur qu'il repose sur l'assertion du jurisconsulte Ulpien lui-même, il convient d'en joindre un autre basé sur l'établissement même de la propriété à Rome. C'est d'ailleurs à l'aide des notions historiques que l'on peut arriver le plus sûrement à la certitude dans une matière où les textes détachés, souvent contradictoires des Institutes et du Digeste, ne nous offrent aucun raisonnement suivi, aucune théorie d'ensemble, rien de doctrinal et de systématique. Nulle part nous ne trouvons indiquées les bornes du droit public et du droit privé. A peine quelques règlements administratifs nous signalent les distinctions à établir entre les diverses eaux courantes, et l'organisation du régime nous aurait échappé entièrement s'il n'y avait eu possibilité de le reconstituer par les documents historiques et l'étude du partage des terres dans l'empire romain.

Si tout le monde reconnaît que la propriété a son fondement philosophique dans le libre exercice des facultés de l'homme, et si l'on n'a jamais contesté sérieusement que l'occupation fût un juste mode d'acquisition conduisant aussi légitimement à l'appropriation du sol que le travail lui-même, il n'en faut pas moins admettre qu'en fait, alors même qu'elle aurait été en bien des cas contraire à la justice absolue, la conquête aussi, c'est-à-dire l'occupation de vive force de terres déjà possédées, a pour un grand nombre de peuples servi de base au droit territorial. — Plus que tout autre, le peuple romain, peuple essentiellement guerrier, peuple dédaigneux du commerce et de l'industrie, s'appuya sur la force des armes, demandant à celle-ci ce que la stricte justice lui eût commandé de demander au travail. — S'agrandissant par la violence, absorbant toutes les nationalités qui l'entouraient, Rome n'eut d'autre industrie que la guerre, d'autre politique que la conquête, et s'emparant des hommes, du sol et de toutes richesses, elle ne laissa rien aux vaincus que le devoir onéreux de pourvoir à la subsistance du vainqueur. « Dedistisne, dit Tarquin l'ancien aux habitants de Collatie, vos populumque Collatinum, urbem, agros, *aquam*, terminos, delubra, ustensilia, divina humanaque omnia, in meam populique romani ditionem? — Dedimus — At ego recipio. » (Tite-Live. liv. I, ch. XXXVIII.) — « Voulez-vous, demande le fougeux tribun Tibérius Gracchus aux patriciens usurpateurs, pour avoir quelques arpents de terre de plus que les autres citoyens, renoncer à la conquête du reste du monde? » (Appien, *Guerres civiles*).

C'était donc le peuple romain qui, par droit de conquête, s'appropriait les terres de l'ennemi. A lui la propriété en première main; et, quant au droit privatif qui pouvait être déféré plus tard aux citoyens, il n'était qu'une concession du maître primitif, une attribution consentie par l'État.

Le territoire conquis est incorporé dans l'Ager romanus, dans le champ du peuple, champ qui n'aura d'autres bornes que l'ambition même d'une nation intrépide, toujours heureuse dans ses entreprises.

Romulus fait un premier partage entre les trois tribus: Mais ce n'est pour ainsi dire que l'organisation d'un campement autour des trois collines de la cité naissante. C'est Numa qui, au témoignage de Cicéron (*de Republica* A. I, pag. 14), introduit la propriété privée; « at primum agros quos bello Romulus ceperat, divisit viritim civibus. » — Le principe est posé: c'est de l'État que va désormais procéder la propriété de tous les citoyens, et ce qui n'aura pas été l'objet d'un mode légal de concession restera *res publica*. Examinons donc suivant quels modes la propriété va passer du domaine du peuple dans celui des particuliers.

L'un des *scriptores rei agrariæ*, Siculus Flaccus, nous dit: « Ut vero Romani omnium gentium potiti sunt, agros ex hoste captos in victorem populum partiti sunt, alios vero vendiderunt, ut Sabinorum ager qui dicitur quæstorius. » Partages et ventes, tels sont les deux modes d'attribution que nous révèle ce texte.

La première opération est une divisio, attribution faite à une collection d'individus appelée *centurie ;* et la seconde une assignatio, attribution faite individuellement à chacun des membres de la centurie. Le même Siculus Flaccus explique tout ceci en termes fort clairs. « Divisi et assignati agri unius sunt conditionis. Dividuntur agri limitibus institutis, per centurias, assignantur viritim. Captus enim ager ex hoste victori militi veteranoque est assignatus. » — Dans son sens étymologique, le mot *centurie* s'appliquait à une collection de cent concessionnaires. Mais il servait en même temps à désigner le terrain fractionné entre les colons et dont la contenance totale était de deux cents jugères.

La centurie, outre les *agri viritim assignati*, pouvait comprendre des *agri redditi*, des terres que le vainqueur voulait bien parfois remettre aux mains du vaincu dépossédé.

Cependant tout le sol conquis ne devenait point la propriété privative des vétérans, soldats ou plébéiens pauvres, formant la colonie. En raison même de ce que la centurie était un terrain exactement limité, restait dans le domaine du peuple romain tout ce qui était en dehors des frontières de la centurie. C'était le *subcesivum*.

Enfin, dans les limites mêmes de la centurie, le sol impropre à la culture n'étant point l'objet d'une assignation formait, sous le nom de *compascuum*, une nature de biens dont la propriété restait encore au peuple romain, mais dont l'usage était abandonné aux colons les plus rapprochés pour paître leurs troupeaux. « Inscribuntur et compascua, quod est genus quasi subcesivorum sive loca quæ proximi quique vicini, id est qui eò contingunt, pascant ».

Le second mode d'attribution est la vente, *venditio quæstoria*. C'est une vente à l'encan des terres conquises suivant une démarcation, on a tout lieu de le croire, analogue à celle des centuries. — On peut donc rencontrer là encore des *loca excepta*, et aussi des *subcessiva* et des *compascua* « quæ propter sterilitatem aut asperitatem non invènerunt emptorem », portions qui restent dans le domaine du peuple. — Le nom du magistrat qui d'ordinaire présidait à ces ventes a fait donner aux terres le nom d'*agri quæstorii*.

De tout ce qui précède, il résulte que tout ce qui n'est point ager assignatus ou ager quæstorius est compris dans l'ager publicus, dans le domaine de l'État. Or l'État, soit qu'il affermât les terres en percevant tous les revenus, soit qu'il les abandonnât à la jouissance des citoyens en se réservant une redevance modique, c'est-à-dire soit qu'il s'agit d'agri *vectigales*, soit qu'il s'agit d'agri *occupatorii* ou *arcifinales*, l'État, disons-nous, conservait par devers lui le *dominium* de ces biens : et si le fait, la possession se trouvant chez les citoyens appelés par la loi ou par l'édit du magistrat à utiliser pour leur profit exclusif tout le sol « quod quisque virtute colendi occupavit », le droit ne restait pas moins au peuple. « Jurisperiti negant, dit Aggenus Urbicus, illud solum quod solum populi romani esse cœpit ullo modo usucapi a quoquam mortalium posse. » — Ce caractère d'imprescriptibilité de l'ager publicus n'arriva point cependant à protéger la propriété de l'État contre les envahissements des possesseurs. Les Spurius Cassius, les Stolon et les Gracques eurent à soutenir des luttes moins heureuses qu'héroïques contre l'établissement de ces *possessiones* sans limites, de ces *latifundia* qui constituaient au profit de riches citoyens de véritables royaumes ; et, un jour, Sénèque put écrire : « Quousque fines possessionum propagabitis ? Ager uni domino, qui populum cepit, augustus est. Quousque arationes vestras porrigetis, ne provinciarum quidem ratione contenti circumscribere prædiorum modum ? Illustrium fluminum per privatum decursus, et omnes magni magnarumque gentium termini, usque ad ostium a fonte vestri sunt. Hoc quoque parum est nisi latifundiis vestris maria cinxistis. »

Quoiqu'il en soit, jusqu'au jour où les usurpations, les distributions faites au peuple et aux vétérans, et les ventes nécessitées par la pénurie du trésor eurent épuisé l'ager publicus, jusqu'au jour où législativement la possession fut convertie en propriété par la constitution d'Honorius et de Théodose, alors que d'ailleurs le temps et le travail avaient légitimé cette appropriation ; jusqu'à ce jour, disons-nous, on rencontra à côté de la propriété individuelle du citoyen la propriété réservée de l'État. Celle-ci avait engendré celle-là ; mais comme nous l'avons dit, elle disparut peu à peu, dévorée, si l'on peut s'exprimer de la sorte, par son propre enfant.

Ces notions historiques que nous venons de résumer, développées avec tant de talent et d'autorité par M. Charles Giraud dans ses *Recherches sur le droit de propriété chez les Romains*, nous ont été principalement transmises par les auteurs de l'*Ars agrimensoria*. Il nous reste maintenant à en tirer une conclusion pour ce qui concerne la propriété des cours d'eau dans l'empire romain.

La conquête a soumis une province au sceptre de Rome. Le sol tout entier avec ses habitants devient la propriété du vainqueur, « Dedistisne vos populumque Collatinum, urbem, agros, aquam, terminos...? » L'eau suit le sort des terres sur lesquelles elle coule. — Tel cours d'eau compris dans les limites d'une *divisio per centurias* subit l'*assignatio*, l'attribution individuelle. Tel autre compris dans les limites d'une *venditio quæstoria* est soumis à une attribution analogue. « Multa flumina et non mediocria, dit Aggenus Urbicus, in adsignationem mensuræ antiquæ ceciderunt; nam et deductarum coloniarum formæ ita dictant, ut multis fluminibus nulla latitudo sit relicta; » et M. Van der Goes commentant cette phrase s'exprime ainsi : « Fluminum modus si adsignationi cessit, flumen ipsum juris erit privati, si exceptus, publici. » — N'est-il pas naturel, en effet, que si dans la charte de concession, dans la *Forma coloniæ*, le peuple pouvait réserver des portions de territoire, des *subcésiva*, *compascua*, *excepta*, il pût aussi comprendre dans la réserve les cours d'eau les plus importants? Ne peut-on pas dans une certaine mesure et en se référant à l'idée d'une jouissance commune, voir dans ces cours d'eau un véritable *compascuum*? Non moins que les terres abruptes pour le pâturage, le fleuve pour les besoins de la culture, de la navigation, de la vie elle-même, offre d'incontestables avantages. Cette utilité est parfois si bien reconnue, que les bords du fleuve sont eux-mêmes réservés, exceptés de l'*assignatio* jusqu'à une certaine distance : « Et ultra ripas, dit Siculus Flaccus, utrinque aliquando adscriptum invenimus modum per omnes centurias per quas id flumen decurreret, quod factum auctor divisionis adsignationisque justissime prospexit. » — Mais la colonie elle-même sera souvent bornée par le lit d'un fleuve. Il ne tombera pas, lui, *in adsignationem mensuræ*; il restera public, et on pourra lui appliquer cette phrase de la loi V *Finium regundorum* (liv. X, tit. 1, Dig.) « Confinium non intelligitur, et ideo finium regundorum agi non potest » Nulle communauté n'existe alors entre les riverains opposés ; la propriété de l'État les sépare.

Que se passe-t-il maintenant dans les terres qui, n'étant ni concédées ni vendues, restent dans l'*ager publicus* à titre de *fundi vectigales* et de *fundi arcifinales* ou *occupatorii ?* Nous avons vu tout à l'heure que la soif des richesses et l'ambition démesurée des puissants (*potentes*), bien plus que cette *virtus colendi* que l'on cherchait à encourager, vinrent à bout de transformer la possession de ces vastes domaines, de ces *latifundia*, en une propriété qui cessa d'être contestée. — Devant cet état de choses, le cours d'eau, partie intégrante du sol, dut passer, lui aussi, en fait d'abord, puis en droit, du domaine public dans celui des riches accapareurs. — Le passage de Sénèque, reproduit plus haut, affirme en même temps qu'il déplore le résultat que nous signalons.

A défaut de disposition législative qui attribuât à l'État tous les cours d'eau en général et qui lui permît de s'en réserver un certain nombre dans la vente ou le partage des terres conquises, nous avons constaté d'après les faits économiques que le peuple romain usant à son gré du droit qu'il puisait dans la conquête, se fit à lui-même sa part, comme il fit la part de la propriété privée. — Qu'il y eût peu ou qu'il y eût beaucoup de fleuves privés, question qu'il serait peut-être difficile de résoudre avec les documents insuffisants que nous possédons, il n'en reste pas moins acquis à l'aide des recherches historiques et par les textes eux-mêmes, qu'une distinction était admise entre le fleuve public et le fleuve privé, et il semble difficile de la contester devant ces affirmations d'Ulpien : « Flumina quædam publica sunt, quædam non. » — « Nihil enim differt a cæteris locis privatis flumen privatum » (loi I, § 3 et 4, *De fluminibus*, Dig.), et devant ces paroles du jurisconsulte Marcien : « Flumina pene omnia et portus publica sunt. » — La contradiction que l'on voudrait relever entre ce dernier texte et le § 2, tit. 1, liv. II des *Institutes*, « Flumina autem omnia et portus publica sunt », disparaît si l'on a soin de ne pas séparer ce premier membre de phrase de la proposition qui suit : « Ideoque, ajoute Justinien, jus piscandi omnibus commune est in portu, fluminibus. » Ces derniers mots nous révèlent en effet quelle a été la pensée de Justinien. — A Rome, à la différence du principe qui prévalut chez nous, la pêche et la chasse n'ont jamais été considérées comme une portion intégrante du droit de propriété et un droit exclusif réservé au propriétaire. C'étaient des droits naturels susceptibles de s'exercer en tous lieux, à charge seulement de réparer le préjudice causé et de respecter les prohibitions. Or, entre la pêche, cette faculté commune qui n'admet point d'exclusion, parce qu'elle est considérée comme l'exercice d'un droit naturel, et le cours d'eau auquel elle s'applique, il y aurait, suivant Justinien, un lien très-naturel. Ce qui ressort, en effet, de la destination même de cet élément qu'on appelle l'eau, c'est l'idée d'un usage commun, subordonné à la juridiction de police de l'État et incompatible avec l'appropriation individuelle. — Puis, nous l'avons déjà dit, chose commune, domaine de l'État, sont nuances encore mal définies au temps de Justinien. Dès lors, la particule qui lie les deux membres de phrase contenant des qualifications en apparence distinctes nous donne tout lieu de croire qu'en écrivant ces mots : « Flumina omnia publica sunt, » Justinien n'avait nullement en vue d'opposer au domaine des particuliers le domaine de l'État ; mais qu'il confondait dans l'idée d'un usage commun la pêche et l'eau, qu'il s'agit d'un fleuve privé ou d'un fleuve public. — Au reste, comme le fait remarquer M. Serrigny au n° 590 de son *Traité du droit public et administratif romain*, il est conforme au régime républicain sous lequel tous les citoyens représentent le souverain, que chacun des membres de cette association use des droits appartenant à la grande communauté nationale. En 1793, sous le régime démocratique qui régissait la France, on avait admis une conséquence semblable du principe politique encore en vigueur (décret du 30 juillet 1793), conséquence qui disparut avec ce régime (loi du 14 floréal an XI, art. 12, et loi du 15 avril 1829, art. 1).

Il reste maintenant à examiner quel caractère distingue le *rivus* du *flumen*. — Déjà nous avons signalé la largeur du lit et le volume des eaux comme moyens simples et pratiques d'établir la différence. Ulpien (*De fluminibus* liv. XLIII, tit. 1 2, Dig.) y ajoute l'*existimatio circumcolentium* : « Flumen a rivo magnitudine discernendum, aut existimatione circumcolentium. » Que faut-il entendre par cette expression? — Dans une opinion qui ne comprend sous la désignation de *rivi* que les conduites d'eau artificielles, faites de main d'homme, il y aurait, au cas où des doutes s'élèveraient sur la nature d'un cours d'eau, à consulter l'opinion des riverains, parce que le souvenir d'un ouvrage important se transmet de génération en génération, et que si d'ailleurs ce souvenir s'affaiblissait, il resterait tout au moins des signes matériels sur lesquels ces riverains mieux que tous autres seraient en état de donner des renseignements précis. — Suivant une autre opinion, il y aurait lieu de consulter les riverains sur la question de savoir si, dans l'attribution des terres conquises, le cours d'eau dont le caractère légal n'est point suffisamment déterminé, a été rangé comme *rivus* dans le domaine privé, ou s'il en a été exclu comme *flumen*. « Évidemment, dit M. Championnière, il ne s'agit pas ici d'une opinion sur la dénomination physique du cours d'eau, mais de son caractère légal, lequel ne peut être déterminé pour les riverains que par les conditions des attributions locales. » Un petit cours d'eau peut donc être qualifié *flumen*, et réciproquement un ruisseau considérable tomber sous la qualification de *rivus.* » — Il nous semble que, prise à la lettre, cette proposition du savant auteur dépasserait sa pensée ; car elle aboutirait, soit à nier l'existence des *flumina privata,* soit à ne faire aucune distinction entre le *rivus* et le *flumen privatum.* Puis, pourquoi s'en rapporter à l'opinion des riverains, alors qu'il suffirait d'ouvrir le livre cadastral où ont été consignées toutes les opérations du partage? —Nous pensons donc que ce n'est point tant le caractère légal du cours d'eau qui préoccupe Ulpien dans le passage précité que la définition pratique et vulgaire. Il est à présumer que consulté par l'un des fonctionnaires préposés à la perception de l'impôt ou par un riverain troublé dans l'exercice de son droit de propriétaire, le jurisconsulte ne se fût point contenté de renvoyer à l'*existimatio circumcolentium,* encore que l'on pût voir dans cette sorte de possession d'état un signe juridique non équivoque. — Quoi qu'il en soit, il s'adresse ici à la pratique journalière. On distingue en général, dit-il, un fleuve d'un ruisseau d'après le volume des eaux. Dans le doute, on pourra consulter les voisins ; c'est-à-dire que la notoriété publique sera une excellente conseillère. Prononce-t-elle que c'est un fleuve, l'interdit « ne quid in flumine », sera applicable. — S'il s'agissait, au contraire, de distinguer entre le *flumen privatum* et le *flumen publicum,* oh ! alors, il faudrait s'en rapporter à des documents plus précis. Il ne suffirait pas que toujours dans le pays tel cours d'eau ait été considéré comme un fleuve public ; il faudrait examiner sur pièces s'il a été laissé en dehors des partages, ou s'il y a été compris. — C'est que, dans ce cas-là, la nuance est moins perceptible ; et nous comprendrions que l'on fit un reproche au jurisconsulte de renvoyer à la notoriété publique un fait juridique d'une constatation délicate.

Il ne faut point oublier non plus que cette phrase d'Ulpien, placée au commentaire de l'interdit prétorien relatif à la navigation, ne saurait avoir toute la valeur d'une définition générale et complète, embrassant toute la matière du régime des eaux. L'interdit, en effet, n'a point d'application possible alors que le cours d'eau, tout en étant un fleuve et un fleuve public, n'est point navigable. — A qui demander s'il est propre à la navigation ? Aux riverains. Est-il reconnu tel, malgré son peu de volume, voilà déjà une présomption que ce n'est point un *rivus* : et personne, encore une fois, ne le saura mieux que ceux qui, en mille occasions, ont pu en faire l'expérience.

Aux explications données sur le caractère légal des différents cours d'eau, nous n'ajouterons, pour en compléter l'étude, que quelques mots relatifs au lit, aux rives, aux îles et alluvions.

Au paragraphe 7 de la loi I, *De fluminibus*, Dig., Ulpien s'exprime ainsi : « Impossibile est ut alveus fluminis publici non sit publicus ; » et, complétant son idée au paragraphe suivant il ajoute : « Si fossa manu facta sit per quam fluit publicum flumen, nihilominus publica fit, et ideo si quid ibi fiat, in flumine publico factum videtur. »

Ces derniers mots relatifs à la sanction des Interdits ont une portée significative à l'encontre de l'opinion qui, prenant au pied de la lettre la phrase finale du paragraphe 7, en argumenterait pour attribuer à l'Etat la propriété du terrain qui forme aujourd'hui le cours d'eau. — Sous Justinien, et même au temps où écrivait Ulpien, il est impossible de reconnaitre à l'Etat cette propriété véritable et incommutable. Il y a une raison d'utilité commune, de service public, qui a attaché au fleuve comme élément liquide et moyen de transport, un caractère spécial. Or ce caractère disparaîtrait si l'on ne considérait le lit comme un accessoire nécessaire, participant de la nature du fleuve, devant se prêter par conséquent à toutes les modifications que subira ce dernier. En un mot, dans la théorie romaine, le lit n'est point un élément indépendant ; et l'eau du fleuve public coulera toujours sur un sol public. C'est comme une servitude qu'impose la surface au fond ; et par suite, si cette surface se reporte ailleurs, c'est un nouveau fond qui sera assujetti aux lieu et place de l'ancien libéré du même coup. — Cette théorie qui, on le voit, s'adapte très bien avec la proposition d'Ulpien, n'est point contestable en face des textes unanimes à reconnaître la condition non publique du lit abandonné. — Si on le compare à la théorie française dont le point de départ est tout différent, puisque celle-ci attribue à l'Etat le lit du fleuve à titre de propriété principale, indépendante, et conforme au sens exacte du mot ; peut-être le système romain offre-t-il une méthode plus logique que l'attribution faite aux riverains du lit desséché, par compensation du préjudice que leur cause le nouvel écoulement des eaux. Mais il paraît d'un autre côté que l'on aurait pu reprocher quelque sévérité au système romain, puisque Gaius liv. II, Aureorum, (Loi VII, § 5 *de adquir. rer. dominio* Dig.) après avoir rapporté la conclusion qui dans une espèce résultait du droit strict, ajoutait : « Sed vix est ut id obtineat » ; et que Pomponius (Loi XXX, § 3, *eod. tit.* Dig.) ne reculait point devant la solution d'équité, bien qu'elle contredît formellement le principe juridique. Il s'agit là d'un fleuve qui, se créant un nouveau lit, occupe toute la surface d'un champ et l'abandonne ensuite pour reprendre son premier cours. «Non tamen is, cujus is ager fuerat, dit Gaius, stricta ratione quicquam in eo habere potest, quia et ille ager qui fuerat desiit esse, amissa propria forma, et qui vicinum prædium nullum habet, non potest ratione vicinitatis ullam partem in eo alveo habere ; sed vix est ut id obtineat. » — Telle est donc la conséquence qui dans la théorie romaine semble la moins acceptable ; et cependant, si l'on y prend bien garde, il est impossible de justifier la moindre transaction avec le principe. Ou le système des compensations, ou son rejet absolu ; l'option n'est point possible. —

Il est dur sans doute pour un propriétaire de se voir déposséder complètement; mais est-il plus équitable, quand un fleuve se retire insensiblement vers l'un des champs qui le bordent et qu'il en fait disparaître chaque jour une parcelle pour augmenter d'autant la propriété du riverain opposé, de ne point autoriser le propriétaire du champ ainsi miné à reprendre la portion de son terrain qui se trouve transportée de l'autre côté du courant ?. Cette solution cependant a dû être écartée à cause des difficultés inextricables qu'elle eût fait surgir dans la pratique. — Quoiqu'il en soit, l'équité semble violée dans les deux cas : seulement la violation est plus flagrante dans l'un que dans l'autre. L'hésitation même de Gaius à réclamer dans une espèce spéciale une solution qui lui semble plus conforme à l'équité nous montre que le doute n'est point possible quant au principe en lui-même, c'est-à-dire quant à l'anéantissement ipso facto du droit de l'Etat sur le lit desséché,

Gaius et après lui Justinien décident que « prior alveus eorum est qui prope ripam ejus prædia possident » et que « novus alveus ejus juris esse incipit cujus et ipsum flumen, id est publicus. » — « Flumina, dit Pomponius, (Loi XXX, § 3, *De aquirendo rerum dominio* Dig.), censitorum vice funguntur, ut ex privato in publicum addicant et ex publico in privatum. » C'est là un double effet qui se produit ipso facto et du même coup. — Il importe peu, nous le répétons, que le nouveau lit se forme ou non aux dépens des propriétaires riverains, parce qu'il n'entre dans le système romain aucune idée de compensation. Mais, pour que le lit desséché appartienne aux riverains, il faut supposer ces derniers propriétaires de champs dits *Arcifinales* ou *Occupatorii*: et il s'arrêteront alors l'un en face de l'autre à la ligne médiane de cet ancien lit. Que s'ils sont propriétaires de champs dits *Limitati*, le lit desséché revenant pour ainsi dire à la liberté, à son état de nature, sera une res nullius et deviendra par suite la propriété du premier occupant; « Si limitatus ager, dit Ulpien (loi I, § 7 *De Fluminibus*), occupantis alveus fiet, certe desinit esse publicus. » — Que si l'on suppose l'un des riverains propriétaire d'un ager Arcifinalis, l'autre propriétaire d'un ager Limitatus, le premier gagnera tout le terrain abandonné par le fleuve, puisque c'est le propre de l'ager arcifinalis d'être susceptible d'extension jusqu'au point où il rencontre un droit établi qui lui sert de limite. — Il n'est point douteux qu'à l'époque de Justinien cette distiuction des agri Occupatorii et Limitati ait cessé d'exister et qu'insensiblement le fait ait transformé les agri Limitati en agri Arcifinales, comme il avait érigé en propriétés indépendantes les Possessiones, les Latifundia de l'ager Publicus. Cette confusion de propriétés foncières si diverses dans leurs origines est révélée par Siculus Flaccus : « Vetustas longi temporis plerumque pene similem reddidit occupatorum agrorum conditionem (agri quœstorii vel assignati). »

La *ratio vicinitatis* (Gaius loi VII § 5 *De adquirendo rerum dominio* Dig.) qui faisait attribuer aux riverains le lit que le fleuve venait d'abandonner s'applique aux accroissements que reçoivent les propriétés des mêmes riverains sous le nom d'alluvions. — Au commentaire II, § 70 de ses Institutes, Gaius, après avoir dit que les objets pris sur l'ennemi deviennent notre propriété *naturali ratione*, ajoute : « Sed et id quod per alluvionem nobis adjicitur, eodem jure nostrum fit. Per alluvionem autem ita videtur adjici quod ita paulatim flumen agro nostro adjicit ut æstimare non possimus quantum quoquo momento temporis adjiciatur. » Et un texte important de Florentinus reproduit par erreur au Digeste, puisque, nous venons de le voir, la classe des agri limitati se trouvait à l'époque de Justinien absorbée dans celle des agri arcifinales, reproduit encore au sujet de l'alluvion la distinction qui était faite d'après le caractère originel des propriétés riveraines : « In agris limitatis, dit Florentinus, jus alluvionis locum non habere constat ; idque et Divus Pius constituit. Et Trebatius ait agrum qui hostibus devictis ea conditione concessus sit ut in civitatem veniret, habere alluvionem neque esse limitatum ; agrum autem manucaptum limitatum fuisse, ut sciretur quid cuique datum esset, quid in publico relictum. »

On a cru trouver dans la maxime « Accessio cedit principali » la raison juridique de l'attribution de l'alluvion à la propriété riveraine. Peut-être pourrions-nous qualifier l'accession de mode d'acquisition plus imaginaire que réel. En tout cas, aucun texte à notre connaissance n'applique l'axiôme au lit, aux îles ou aux alluvions d'un fleuve ; et si des nécessités de fait ont pu lui donner une portée juridique incontestable, il est évident que ces nécessités ne se rencontrent point ici, puisque les agri limitati, au témoignage de Pomponius, n'ont pas le bénéfice de l'alluvion. Le champ augmenté de l'alluvion reste identique à lui-même en droit. « Non istud incrementum, dit Dumoulin, censetur novus ager, sed pars primi. Eodem jure, eadem causa et qualitate acquiritur et possidetur sicut ager cui adjectum est ; » c'est-à-dire qu'il y a absorption complète, au point de vue du fait et du droit, d'une chose par une autre, sans qu'il soit besoin de faire intervenir un principe juridique qui n'est nulle part formulé par la doctrine romaine.

M. Ducaurroy a exposé une théorie qui nous semble exacte et vraie lorsque, assimilant le lit du fleuve à la rive qui n'est grevée que d'une servitude publique d'usage, il affirme que le lit est un terrain dont l'eau s'empare et dont elle absorbe l'utilité sans qu'il cesse d'appartenir aux riverains. « La seule différence, ajoute l'éminent romaniste, qui existe à cet égard entre le lit et la rive, se rapporte aux avantages partiels que le propriétaire peut tirer de la rive, mais dont il est totalement privé à l'égard du lit. » Cela admis, ce n'est point une propriété nouvelle qui vient accroître l'ancienne quand l'eau se retire. Il n'y a autre chose que la reprise de jouissance d'une ancienne propriété qui redevient libre, *quia populus eo jam non utitur.* Une portion du lit se surélève-t-elle au dessus du niveau du fleuve de façon à former une île, ce n'est que cette portion qui échappe à la servitude, et qui redevient propriété libre des riverains. — Pour l'île comme pour le lit, comme pour l'alluvion, c'est toujours l'application du même principe résumé dans cette proposition du jurisconsulte Pomponius (Loi XXX, § 3 *De adquirenda rerum dominio* Dig.): « Alluvio agrum restituit eum quem impetus fluminis totum abstulit : » et dans cette théorie on pourrait en exagérant, ou mieux, en généralisant quelque peu la valeur grammaticale qu'a le mot alluvio dans le texte précité lui donner le sens de « retrait total ou partiel de la surface liquide, » ce qui complète la théorie relativement aux îles et au lit tout entier.

On reprocherait peut-être à l'opinion de M. Ducaurroy de ne pouvoir justifier la décision donnée par Labéon en la loi LXV § 3, *De adquirendo rerum dominio* Dig. — D'après Labéon, l'île de formation nouvelle étant attribuée toute entière à l'un des riverains parce qu'elle est pour lui en deçà de la ligne médiane du cours d'eau, c'est à partir du bord de cette île qu'on mesure désormais la largeur du fleuve pour trouver la nouvelle ligne médiane. Le riverain propriétaire de l'île serait, objecte-t-on, injustement favorisé au détriment du propriétaire de la rive opposée qui, lui, se trouverait perdre peut-être un quart de la largeur du lit? — Nous ne contestons point qu'en fait celui-ci ne puisse éprouver quelque désappointement, et qu'en apparence du moins l'équité ne semble pas quelque peu froissée du résultat. Mais, que l'on prenne garde que la question s'agite entre propriétaires d'agri arcifinales c'est-à-dire de champs qui, suivant Isidore de Séville, « Certis linearum mensuris non continentur, sed arcentur fines eorum objectu fluminum, montium, arborum; » de champs dont, au témoignage de Siculus Flaccus « Non ex mensuris actis unusquisque modum accepit, sed quod aut excoluit aut in spem colendi occupavit. » On s'apercevra alors que chaque riverain n'est point actuellement propriétaire de la moitié *divise* du lit du fleuve, qu'il n'est que propriétaire éventuel. C'est la ligne médiane imaginaire du fleuve qui doit arrêter les empiètements d'un riverain sur l'autre. Si l'exhaussement subit d'une portion du lit permettant à l'un de s'étendre jusqu'à cette ligne ou un peu en deçà fait que le fleuve reporte véritablement son cours entre l'île et le riverain opposé, il n'est pas moins vrai que, pour ce dernier, la ligne médiane du fleuve reste comme auparavant la limite de ses prétentions; et le cas fortuit qui, diminuant la largeur du cours d'eau, a diminué aussi ses espérances, n'a du moins altéré aucun droit préexistant. L'agrandissement de sa propriété était subordonné à un eventus, aux modifications possibles de cet « objectus fluminis. »

Une autre objection se rencontre dans la loi 56 *de adquirendo rerum dominio.* — Proculus suppose qu'une île appartenant en totalité à l'un des riverains, Titius, s'accroît par alluvion de façon qu'elle s'avance jusque devant le fonds de Primus, riverain du même côté que Titius, et qu'elle vient à dépasser en outre la ligne médiane du fleuve. Primus et le riverain opposé que nous appellerons Secundus ne sont-ils pas en droit de réclamer leurs parts respectives des alluvions? Non, répond le jurisconsulte. — Quant à Secundus, l'inamité des réclamations qu'il élèverait alors que le cours du fleuve se trouve reporté de son côté, a été, croyons-nous, démontrée par la théorie même que nous reproduisions d'après M. Ducaurroy, sans que nous ayons besoin de recourir à une espèce de *jus alluvionis* modification du prétendu droit d'accession. — Quant à Primus, nous ne pouvons expliquer la même solution négative que par les nécessités pratiques, par les inconvénients qu'eût présentés l'attribution de terrains d'une minime étendue à un voisin qui n'en eût fait usage peut-être que pour incommoder son voisin, et le penchant d'ailleurs très naturel de laisser le propriétaire d'un immeuble jouir des parcelles dont l'adjonction s'opère d'une façon si lente qu'elle est imperceptible. Il y a là la consécration nécessaire d'un fait, exigée par la nature des choses, et dont la raison juridique échappe au même titre que celle de la plus value incontestablement acquise au propriétaire du cheval qui s'est nourri de l'herbe du voisin.

Ulpien (Loi V de *Fluminibus*, *dig*) définit la rive du cours d'eau « Id quod flumen continet, naturalem rigorem cursus sui tenens » ; indiquant par là que c'est du volume régulier et normal des eaux qu'il faut tenir compte. Paul semble aller un peu plus loin quand il dit (Loi III, *eod. tit.*): « Ripa ea putatur esse quæ plenissimum flumen continet » ; mais il précise mieux sa pensée en ajoutant au paragraphe suivant : « Ripæ cedunt ex quo primum a plano vergere incipit usque ad aquam. »

Le même jurisconsulte pose en principe que les rives, à titre de dépendance du fleuve et servant, comme lui, à la navigation, sont publiques ; et, sans aucun doute, c'est au point de vue de l'interdit relatif à la navigation qu'il se place. D'autre part, quand Gaius déclare que l'usage seul de la rive est public et que la propriété en appartient aux riverains il n'est point douteux qu'il entend parler, non point de la partie relevée de chaque côté qui sert à contenir les eaux dans le lit, mais de l'espace qui, au delà encore, est nécessaire aux opérations de la navigation « Riparum usus, dit Gaius, publicus estjure gentium, sicut ipsius fluminis. Itaque navem ad eas appellere, funes ex arboribus ibi natis religare, retia siccare, onus aliquid in his reponere cuilibet liberum est, sicut per ipsum flumen religare. Sed proprietas illorum est quorum prædiis hærent ; qua de causa arbores quoque in his natæ eorumdem sunt » (Loi V, Pr. *De divisione rerum*. Dig.).

Il s'agit, on le voit, de ce qui chez nous porte le nom de berges du fleuve, espaces quelque peu distincts de la rive proprement dite, du talus qui encaisse le fleuve, et qui seraient ces « loca secundum ripas fluminis » dont Paul (Loi III § 2. *De fluminibus*. Dig.) dit que « non omnia publica sunt », donnant à entendre sans doute qu'au delà même d'une certaine limite, l'usus publicus ne doit plus s'exercer, comme chez nous la servitude de marchepied est limitée à une langue de terrain dont la largeur est déterminée par la loi.

Nous ne reviendrons pas, sous prétexte de définir d'une manière précise la position des riverains d'un cours d'eau sur les détails donnés plus haut, quoique incidemment. Il y aurait sans doute matière à développements nouveaux dans l'examen des modifications possibles de la propriété riveraine par l'effet d'alluvions, de formations d'îles, de dessèchements ou mutations de lit des fleuves, etc., etc. La question de propriété des cours d'eau chez les Romains bien résolue et bien comprise suffit à la solution de ces différents problèmes.

En ce qui concerne le droit de prise d'eau pour l'irrigation des propriétés, droit reconnu et réglementé par notre législateur dans les articles 644 et 645 du Code Napoléon, quant aux rivières non navigables, une distinction était faite à Rome entre les fleuves publics navigables et les fleuves publics non navigables. S'agissait-il d'un fleuve servant à la navigation, le riverain devait au préalable demander l'autorisation de dériver l'eau. Nous lisons en effet au Digeste (Loi II *De fluminibus*): « Quominus ex publico flumine ducatur aqua, nihil impedit, nisi Imperator aut senatus vetet : si modo ea aqua in usu publico non erit. Sed si aut navigabile est, aut ex eo aliud navigabile fit, non permittitur id facere. » — Bien plus, le préteur, ou, plus tard, le gouverneur de province, le représentant du prince, devait refuser l'autorisation toutes les fois qu'elle aurait eu pour effet d'entraver à un degré quelconque le service de la navigation. « Si flumen navigabile est, dit Ulpien, (Loi X § 2. *De aqua et aquæ pluviæ arcendæ.* Dig.) non oportere prætorem concedere ductionem ex eo fieri Labeo ait, quæ flumen minus navigabile efficiat. Idemque est, et si per hoc aliud flumen fiat navigabile. » — Les mêmes textes nous montrent bien qu'à l'inverse le riverain d'un fleuve public qui ne sert point à la navigation peut y pratiquer les prises d'eau qu'il juge utiles à son exploitation : il ne sera arrêté, au témoignage de Pomponius (Loi II supra, *De fluminibus*) que par une prohibition formelle de l'Empereur ou du Sénat. — Il ressort encore de ces textes que l'intérêt de la navigation pouvait faire étendre la prohibition de prise d'eau jusque sur des rivières non navigables, dès que ces dernières étaient considérées comme des affluents procurant directement au cours d'eau principal sa navigabilité.

Nos articles 644 et 645 du Code Napoléon ne portent pas si loin la restriction. Mais l'obligation de restituer l'eau à la sortie du fonds à son cours ordinaire, et les pouvoirs de police et de réglementation conférés aux préfets, atténuent singulièrement le danger des abus.

Enfin, un rescrit d'Antonin et Lucius Verus établit la règle que dans les cours d'eau non navigables, le droit de prise d'eau, s'il n'y avait titre contraire, devait s'exercer *pro modo possessionum*, suivant la nature et la proportion des terrains à irriguer, et dans tous les cas sans préjudicier à autrui : « Aquam de flumine publico, pro modo possessionum, ad irrigandos agros dividi oportere, nisi proprio quis jure plus sibi datum ostenderet ; et aquam ita demum permitti duci, si sine injuria alterius id fiat. » (Loi XVII *De servitutibus prædiorum rusticorum*. Dig.).

Inutile d'ajouter que, pour les fleuves privés, les riverains pouvaient exercer sans contrôle le droit de prise d'eau qui n'est qu'un des éléments de leur droit principal de propriété ; et c'est ce qui résulte suffisamment d'ailleurs par a contrario de la réglementation des fleuves publics.

En regard du droit de prise d'eau et de dérivation pour l'irrigation, il faut placer la charge imposée aux riverains de souffrir l'usage public sur les rives des cours d'eau publics, charge correspondant à la servitude de marchepied dans la législation française. Et M. Serrigny (n° 599 de son Traité de droit public et administratif romain) en signale encore une autre toute particulière qui résulterait d'un texte d'un Javolenus formant la loi 14 § 1, au Dig. *Quemadmodum servitutes amittuntur*. Cette servitude consisterait à obliger le riverain à fournir un chemin public quand celui qui existait auparavant a été détruit ou dégradé par les eaux du fleuve. « Cum via publica vel fluminis impetu vel ruina amissa est, vicinus proximus viam præstare debet ». Mais nous ferons observer qu'il ne s'agit point là d'une expropriation qu'on imposerait au voisin et dont il souffrirait sans être indemnisé, ce qui serait une injustice trop flagrante. Non ; le jurisconsulte suppose à notre avis une servitude préexistante, une servitude qui ne pouvant plus s'exercer sur une surface de terrain déterminée, parce que cette surface a disparu, se trouve reportée un peu plus loin. La via publica dont s'agit ne serait point une propriété de l'État, un terrain dont l'usage est commun à tous les citoyens de la république. Le mot *publica* répondrait à l'idée d'un usage abandonné à un nombre assez considérable d'intéressés, à tous les concessionnaires qui auraient besoin de ce passage sans qu'aucun fût désigné spécialement. Il faudrait donc, suivant nous, remonter à l'acte de concession qui a attribué au riverain le lot de terre bordant le cours d'eau sous la réserve d'une servitude, d'une via, au profit de tous les lots voisins, servitude prédiale assujettissant le terrain qui touche le fleuve et reculant peu à peu devant les envahissements de celui-ci dans l'intérieur des terres concédées. — Ce qui nous porte à adopter cette explication, c'est que le passage de Javolenus est tiré d'un titre du Digeste relatif à l'extinction des servitudes, et que le jurisconsulte cite le cas comme exemple d'une servitude qui se perpétue et ne fait que se déplacer. Il y a avant comme après le déplacement une servitude, et le caractère de servitude serait incompatible avec l'expression *publica* prise dans le sens le plus naturel de propriété de l'État. Et dès lors ce n'est point tant dans la qualité de riverain que dans le titre même et l'établissement de la propriété qu'il faut chercher le motif de la décision de Javolenus.

Après avoir examiné les cours d'eau et leurs dépendances au point de vue de la question de propriété, au point de vue de leur constitution légale ; après avoir indiqué d'une façon générale les avantages et les charges qui résultent pour les riverains du voisinage des cours d'eau, nous devons jeter un coup d'œil sur la réglementation administrative appliquée à la matière. — Nous en trouvons les principaux éléments dans les titres XII, XIII, XIV, XV, XX et XI, du livre XLIII, au Digeste.

Comme il y a une véritable nécessité sociale à ce que, dans tout état policé, ce qui touche à l'utilité commune relève des pouvoirs publics, et que l'administration préside à la garde et à la direction des intérêts généraux, nous trouvons à Rome comme chez nous la tutelle directe du magistrat sur les cours d'eau. — A l'origine, c'est le préteur qui, réunissant entre ses mains le pouvoir judiciaire et le pouvoir administratif, édicte en vertu de cette dernière attribution, des prescriptions de nature diverse. Plus tard, c'est l'Empereur qui exerce le même pouvoir par ses délégués, les présidents et gouverneurs de province. — Les cours d'eau publics surtout attirent l'attention des préteurs, et leurs édits nous retracent en grand nombre, sous la forme d'Interdits, les mesures générales qu'ils appliquent à la matière. Ces Interdits, on le comprend sans peine, ont la plus grande analogie avec ceux qui sont établis pour la conservation des voies publiques soumises au même titre à la surveillance du magistrat. — C'est ainsi que l'on pourrait rapprocher l'Interdit : « Ne quid in flumine publico fiat aliter aut in flumen ripamve immittatur quo aliter aqua fluat », de l'Interdit : « Ne quid in loco publico vel itinere fiat vel in eum immittatur qua ex re quid illi damni detur » ; et l'Interdit de Ripa munienda de l'Interdit de Via publica et itinere publico reficiendo.

Parmi ces Interdits que nous allons rapidement passer en revue, les uns sont Prohibitoires, les autres Restitutoires; mais tous sont compris, suivant la classification générale d'Ulpien (Loi I *De interdictis*, Dig.), parmi les Interdits publics, ou, suivant celle de Paul (Loi II, § 1, *eod. tit.*), pour les interdits *publicæ utilitatis causa*.

L'expression finale de la formule « *veto* » imposant l'obligation de s'abstenir de tel ou tel acte, ou celle de laisser une personne accomplir tel acte « *vim fieri veto* », est le signe matériel distinctif de l'Interdit prohibitoire. — Et de même l'expression « *restituas* » obligeant à faire avoir un ou plusieurs objets à quelqu'un, ou à rétablir les choses dans leur état antérieur, nous révèle le caractère et le but de l'Interdit Restitutoire.

Précisément en vue de la liberté et de la sécurité de la navigation, l'édit du préteur renferme ces deux espèces d'Interdits, à savoir l'Interdit prohibitoire ainsi conçu : « Ne quid in flumine publico ripave ejus facias, ne quid in flumine publico ripave ejus immittas, quo statio iterve navigio deterior sit, fiat, veto. » Ou bien : « Quonimus illi in flumine publico navem, ratem agere, quove minus per ripam onerare, exonerare liceat : vim fieri veto. Item, ut per locum, fossam, stagnum publicum navigare liceat, interdicam ; » et l'Interdit restitutoire ainsi conçu : « Quod in flumine publico ripave ejus fiat, sive quid in id flumen ripamve ejus immissum habes, quo statio iterve navigio deterior sit, fiat, restituas. »—Comme le second Interdit ne fait que décréter la suppression des entreprises nuisibles que prohibe le premier, il ne demandera aucun développement après les courtes observations présentées sur celui-ci.

La formule de l'Interdit prohibitoire nous en indique très-exactement la portée. Il réprime toute entreprise nuisible à la marche et au stationnement des bâteaux. Nécessairement il ne s'applique qu'aux cours d'eau navigables, mais Ulpien (Loi I *De fluminibus*, Dig.) répète avec insistance qu'au caractère de navigabilité le cours d'eau doit en joindre un autre. Il doit être un *flumen publicum* : « Hoc interdictum ad flumina publica pertinet : si autem flumen privatum sit, cessabit interdictum. » Et plus loin (au § 11 *eod. loc.*), Ulpien ajoute : « Nec pertinet ad hoc interdictum si quid in privato factum sit ; nam quod fit in privato perinde est atque si in alio privato loco fiat. » — Ne serait-il point conforme à l'équité, cependant, et très-préférable à la société, de donner quelque extension à l'Interdit? Ne pourrait-on pas l'accorder utilement contre la personne qui entreprendrait de tarir un affluent, un cours d'eau non navigable, d'obstruer le courant, ou au profit de celle qui voudrait faire réparer les dégâts commis sur le même cours d'eau? C'est ce que décide, en effet, le jurisconsulte Labéon (§ 12 et 18, Loi I, *De fluminibus*, Dig.). Nous retrouvons dans ces décisions la marche sagement progressive de la juridiction prétorienne suppléant par des raisons d'analogie à ce que la législation pouvait avoir laissé d'imprévu ou d'incomplet, afin que jamais l'intérêt public ne restât en souffrance. Et à ce propos M. Serrigny fait remarquer que la loi, chez nous, n'attribuant aux Conseils de préfecture que la connaissance des contraventions sur les cours d'eau navigables, le Conseil d'État n'a point reconnu leur compétence pour les contraventions commises sur les affluents des cours d'eau non navigables, alors qu'elles peuvent nuire à la navigation, et qu'il appartient dès lors aux préfets de faire cesser les faits dommageables en vertu de l'autorité de police générale qui résulte pour eux de la loi des 12-20 aout 1790. En cela, conclut le savant professeur, le Conseil d'État a été plus scrupuleux que Labéon. — Au point de vue exclusivement formaliste, nous ne contesterons pas cette conclusion; mais en supposant que l'organisation de nos juridictions pût, sur ce point, être mise en parallèle avec l'organisation romaine, la nôtre aurait tout au moins dans l'espèce le désavantage d'une évidente complication, et il est douteux qu'elle pourvoie aussi rapidement à la répression que le système de Labéon, l'arrêté préfectoral intervenant bien pour arrêter le retour des faits dommageables, mais ne pouvant atteindre ceux qui les ont provoqués.

Le préteur romain, paraît-il, ne recule point devant de nouvelles extensions de l'interdit; car Ulpien au § 17 (Loi I, *De fluminibus*, Dig.), s'exprime ainsi: « Si in mare aliquid fiat, Labeo ait competere tale interdictum : « ne quid in mari inve littore quo portus statio iterve deterius fiat. »

Au point de vue de la procédure, Ulpien (§ 11, *eod. loc.*) fait remarquer que l'interdit comprend dans ses prohibitions et le fleuve et la rive; que, par conséquent, le demandeur devra localiser, spécifier sa demande, indiquant si elle a trait au fleuve ou à la rive. « In flumine publico factum accipere debemus quidquid in aquâ flat : nam si quid extra factum sit, non est in flumine factum ; et quod in ripa flat, non videtur in flumine factum. »

En même temps qu'il protège les fleuves et ses accessoires, les ports, les stations, l'interdit veille au service de la navigation. Obstacles au chemin de halage « si pedestre iter impediatur », obstacles à la traction et à la circulation des barques et radeaux, dérivations des eaux, élargissements ou rétrécissements du lit, et autres entreprises, sont autant de détails qui tombent sous l'application de l'édit (§ 12, 13, 14 et 15, Loi I, *De fluminibus*, Dig.). — Le défendeur qui se retranchera derrière l'exception « nisi tuendæ ripæ causa factum sit » devra-t-il être écouté ? Non, répond Labéon ; il peut y avoir des travaux défensifs interdits à raison de l'intérêt commun ; et l'exception devra être conçue en ces termes: « Si quid ita factum sit, uti de lege licuit. »

Sur l'interdit restitutoire : « Quod in flumine publico ripave ejus flat, sive quid in flumine ripave ejus immissum habes quo statio iterve navigio deterior flat, restituas ; » Ulpien fait cette simple remarque : « Superius prohibitorium est, hoc restitutorium, ad eamdem causam pertinens. » C'est le fait actif du rétablissement des lieux dans leur état ancien qui est imposé au défendeur. — Or, le défendeur peut être l'auteur des ouvrages à détruire, comme il peut n'en être que le détenteur, « factum aut immissum habes. » — « Hæc verba, dit Ulpien (§ 22), ostendunt non eum teneri qui fecit vel immisit, sed qui factum immissum habet. Denique Labeo scribit si auctor tuus aquam derivaverit, et hoc interdicto si tu ea utaris. » — Le rétablissement des lieux avait lieu aux frais du défendeur s'il était l'auteur des ouvrages élevés en contravention ; et le détenteur n'était contraint qu'à laisser procéder à cette opération dont il ne supportait pas la dépense ; décision conforme à la théorie de la loi II, § 43, *Ne quid in loco publico*, liv. XLIII, tit. 8, Dig.; de la loi XXII, *De operis novi nunciatione* ; des lois VII Pr. et § 1 ; XIII, § 7 ; XIV ; XV, Pr. et § 2, *Quod vi aut clam*, liv. XLIII, tit. 24, Dig.).

Les interdits précédents n'ont trait qu'au service public de la navigation. En suivant l'ordre des Pandectes nous en rencontrons au titre XIII du Livre 43 deux autres destinés à sauvegarder l'intérêt des riverains. Le premier défend de rien faire ou jeter dans un fleuve public qui fasse couler l'eau autrement qu'elle ne coulait l'été précédent. Cet interdit purement prohibitoire prévient les dérivations non autorisées, les travaux qui auraient pour résultat soit les débordements du fleuve, soit le dessèchement de son lit, en un mot toutes modifications préjudiciables aux riverains. Or l'état de possession auquel il est défendu d'innover se règle sur la situation respective du fleuve et des propriétés riveraines à l'équinoxe de l'automne précédent, parce qu'à cette époque le cours des eaux subit moins de variations qu'en un autre temps de l'année. Le riverain auteur d'un travail préjudiciable à ses voisins pourra-t-il exciper de la nécessité où il se trouvait de protéger sa propriété contre les dégâts occasionnés par le fleuve? Ulpien reconnaît que la solution pouvait être et était controversée. Deux intérêts également respectables se trouvent en présence. Il se peut que la défense faite au riverain d'élever une digue par exemple, compromette très sérieusement sa propriété, alors que l'établissement de cet ouvrage causerait un dommage presque inappréciable aux riverains. Il se peut aussi que la construction d'un ouvrage d'art garantisse utilement une propriété, mais soit pour les coriverains une cause de dommages et de désagréments sans nombre. On en vint donc, et avec beaucoup de raison, à abandonner la question à l'appréciation du préteur: « Oportet enim in hujusmodi rebus utilitatem et tutelam facientis spectari sine injuria utique accolarum » ; solution très équitable sanctionnée au Code par une Constitution de l'empereur Gordien (Loi I, au Code *de alluvionibus*), et qui a une analogie frappante avec les termes de l'article 645 du Code Napoléon traitant de l'usage des eaux : « Les tribunaux, porte cet article, en prononçant, doivent concilier l'intérêt de l'agriculture avec le respect dû à la propriété. »

De même que l'interdit prohibitoire concernant la navigation a son corrélatif dans un interdit restitutoire, celui dont nous venons de parler a pareillement le sien dans un interdit restitutoire analogue.

Celui-ci tend donc à faire réparer le préjudice que prévoyait l'interdit prohibitoire, mais qu'en fait cet interdit n'a pu empêcher de se produire, de se réaliser. Et, comme le fait remarquer Ulpien au paragraphe final de la loi en rapportant l'opinion de Labéon, on a raison de comprendre dans l'obligation de restituer le compte des dommages-intérêts. Il en résulterait, suivant M. Machelard (Théorie générale des Interdits en droit romain) qui se fonde sur la loi LXXXI *De verborum significatione* Dig. pour généraliser la règle, que l'interdit peut encore être donné à ce point de vue, nonobstant le rétablissement effectué. (Lois XV § 7. *Quod vi aut clam;* IV § 2 et 3. *De aqua et aquæ pluviæ;* XI, § 1 *Quod vi*, Dig.

Par l'interdit « Quominus illi in flumine publico navem, ratem agere; quove minus per ripam onerare, exonerare vim fieri veto. Item, ut per lacum, fossam, stagnum publicum navigare liceat interdicam », le préteur avait pourvu à ce que la violence ne pût empêcher personne de naviguer librement sur les fleuves, canaux, lacs et étangs publics, ou de charger et de décharger des marchandises sur la rive. C'est là, dit Ulpien (§ 1 loi un *Ut in flumine publico navigare* liv. 43, tit. 14, Dig.), un interdit basé sur les mêmes motifs que l'interdit qui protége la libre circulation sur la voie publique; et le jurisconsulte répète une fois de plus la distinction à faire entre les fleuves publics et les fleuves privés, « si privata sunt suprascripta, interdictum cessat. »

Le même interdit est étendu, *utilitatis causa*, à la protection de tous usages légitimes du cours d'eau public autres que la navigation. Ainsi, il est donné à la personne que l'on voudrait empêcher de mener ses bestiaux s'abreuver au fleuve ; mais celle-ci ne pourrait obtenir par l'interdit l'exécution de travaux facilitant l'accès du fleuve, solution qui assurément ne pouvait faire aucun doute. — Il est encore donné au fermier de la pêche d'un étang tenant son bail de l'Etat ou de la municipalité, pour protéger l'exercice de ses droits.

Enfin, un dernier interdit « de ripa munienda » protége la confection des travaux entrepris par un riverain pour la défense de ses fonds. — On rencontre l'exemple d'un interdit semblable en matière de voirie. C'est l'interdit *de via recifienda.*

Le riverain se trouve sous la sauvegarde de cet interdit s'il donne caution que ses travaux ne nuiront pas aux tiers pendant un intervalle de dix ans, et si en fait ils n'apportent aucune entrave au service de la navigation. Les tiers, voisins ou arrière voisins, sont intéressés, remarque Ulpien, à obtenir la caution avant l'achèvement des travaux ; car plus tard l'interdit ne peut leur être d'aucun secours pour obtenir la réparation du préjudice causé. Ils devront recourir alors aux dispositions de la loi Aquilia, perdant le bénéfice de la procédure rapide et expéditive de l'interdit.

DROIT FRANÇAIS

DROIT FRANÇAIS

LÉGISLATION DES IRRIGATIONS

« Maintenir le propriétaire dans toute l'indépendance et la liberté de jouissance compatibles avec l'intérêt géneral, et n'exiger de lui des sacrifices qu'autant qu'ils sont nécessaires pour assurer un plus grand bien dans la société, » était le programme que s'étaient tracé les rédacteurs du projet de Code rural en 1802 ; et c'est en ces termes mêmes qu'ils formulaient le principe fondamental et dirigeant de leur travail. — D'une application fort exacte sans doute à la législation rurale prise dans son ensemble, cette règle parait s'adapter plus rigoureusement encore à la partie que nous nous sommes proposé de traiter, c'est-à-dire au régime des Eaux et spécialement des Eaux d'Irrigation. Ne serait-ce pas à la difficulté même de donner en cette matière aux textes de lois toute la netteté et toute la flexibilité qu'impose un pareil point de départ qu'il faudrait attribuer l'ajournement indéfini de la codification rurale? Nous estimons que c'est là tout au moins l'une des causes principales de ce retard bien regrettable. On sait en effet qu'après avoir été soumis à des commissions consultatives, après avoir été l'objet de longues études et de nombreuses observations, le travail entrepris en 1802, puis abandonné, fut repris il y a quelques années sur la proposition du Sénat, et que le Conseil d'Etat en poursuit aujourd'hui l'étude. — Dans l'intervalle, les nécessités du moment firent à diverses reprises intervenir des lois spéciales : mais, précisément parce qu'elles se référaient à des matières spéciales, dessèchements de marais, pêche, chasse, chemins vicinaux, ces lois qui, si l'on peut s'exprimer ainsi, allaient au plus pressé, n'offrent point la coordination désirable. S'attachant trop souvent aux points de détail sans fixer les règles du fond, elles ont laissé dans le domaine de la controverse des points importants qu'il était essentiel d'éclaircir; et le défaut d'ensemble, d'unité, dans la conception, n'a que trop abouti à la complication des controverses déjà existantes : Quelque grandes elles soient, les imperfections de ces législations éparses n'empêchent point de déplorer l'absence d'un travail analogue sur le régime des eaux, et nous avons lieu d'être quelque peu jaloux de nations voisines qui, après avoir copié nos Codes, nous ont devancé sur le terrain des améliorations en réglementant d'une façon complète cette importante matière.

Deux articles du Code Napoléon, deux lois spéciales quant à leur objet et renfermées dans un cadre très restreint, l'une de 1845, l'autre de 1847, et enfin une loi de 1865 relative aux associations syndicales, sont à peu près les seuls documents dont la lumière puisse guider à travers tout un dédale de prétentions difficiles à concilier. Aussi M. Daviel a pu dire: « Les intérêts se sont trouvés à la gêne dans le cadre étroit que le législateur de 1804 avait tracé en quelques articles à ce sujet si fécond, et le mouvement social a forcé la jurisprudence à s'élargir ; » et M. Adolphe Chauveau a pu reproduire la même pensée en termes encore plus énergiques : « Tout le monde, dit-il, reconnait qu'il n'existe pas de législation sur les Eaux. A peine quelques instructions, quelques circulaires, une doctrine incertaine, une jurisprudence arbitraire, tels sont les seuls éléments qu'il soit possible de consulter pour tenter une codification »

Si les textes ont fait défaut, et probablement par cette raison même qu'ils ont fait défaut, les commentaires n'ont point manqué. C'est en effet le privilége des obscurités légales de devenir le rendez-vous, ou mieux, le champ de bataille d'opinions mal disciplinées. L'obscurité appelle l'obscurité, et la mêlée devient alors si confuse qu'il serait bien difficile de présager à qui restera le dernier mot.

N'ayant point assurément l'outrecuidance de nous faire juge de la lutte, nous espérons qu'on nous pardonnera d'avoir osé explorer une faible partie du terrain. Nous nous efforcerons d'ailleurs de nous maintenir dans le cadre restreint que nous nous sommes tracé, laissant de côté tout ce qui n'est point intimement lié à la matière des irrigations.

Sans aucun doute il eut été intéressant de rechercher à qui doit être attribuée la propriété des rivières non navigables. Sont-elles propriétés de l'Etat ou des particuliers ? Faut-il en faire, suivant une jurisprudence récente, (Cassation 1er avril 1868 Journal *le Droit* du 2 avril 1868), des *res nullius*? On peut affirmer que tout a été dit sur cette question. Nous nous rattachons plus volontiers au système qui conclut à la propriété privée. Championnière son plus éloquent et son plus savant défenseur a produit en sa faveur des arguments et des considérations d'une valeur indiscutable. — La propriété de l'État se trouve exposée d'une façon large et savante dans l'opuscule de Monsieur le Conseiller Rives; et nous devons ajouter que le troisième système s'abrite lui aussi derrière une autorité doctrinale fort respectable. Il est soutenu par M. Demolombe. — Quant au rapport du Sénat (*Moniteur* du 23 août 1857), sans indiquer sa préférence pour l'un ou l'autre système, il conseille au gouvernement de donner enfin une solution définitive. « Quel que soit, dit-il, le système qui obtienne la préférence, il est urgent que le législateur manifeste sa volonté souveraine pour faire cesser cette situation ambiguë aussi embarrassante pour l'administration que pour les particuliers. » — « Il faut convenir, dit M. Chauveau, que la solution a perdu beaucoup de son intérêt, parce que personne ne conteste plus à l'administration le droit de réglementation de la jouissance des eaux. » Si le savant professeur se fait ici l'avocat du roi, le défenseur de l'administration, c'est, nous n'en pouvons douter, dans l'espoir que l'action administrative s'exercera toujours pour le plus grand profit des intérêts sociaux. Mais nous sommes heureux de reconnaître qu'il n'ose affirmer que ce droit de l'administration soit incontestable : et sentant lui-même à quelles conséquences extrêmes aboutirait une semblable théorie, il se voit obligé de faire des réserves. « Toutefois, dit-il, en présence des doutes sérieux qui se sont élevés, il me paraîtrait injuste de mettre sur la même ligne la jouissance des cours d'eau navigables et non navigables, et je ne dois pas dissimuler que ce qui m'a déterminé à accorder (dans mon projet) aux riverains des cours d'eau non navigables les garanties du contentieux les plus étendues, c'est la position faite pa le Code Napoléon lui-même à ces riverains, et l'impossibilité de classer ces cours d'eau d'une manière absolue dans le domaine public. »

Il n'est point douteux, en effet que, sur les cours d'eau du domaine public, l'administration, agissant comme propriétaire, ne puisse plus exercer les droits les plus étendus, et ne rencontre pour limites de son autorité discrétionnaire que les règles constitutionnelles ou les contrats passés avec les particuliers. Mais il est certain aussi que si un pouvoir providentiel lui est conféré en vue de l'intérêt général pour ce qui concerne la direction des cours d'eau non navigables, c'est un droit de police bien plus qu'un droit de souveraineté ; et la propriété individuelle doit trouver dans les tribunaux civils, ses défenseurs naturels, la garantie nécessaire contre les envahissements possibles d'un pouvoir d'autant plus respecté et d'autant plus fort qu'il peut toujours mettre en avant les exigences de l'intérêt public. A l'examen de ces questions d'autorité réglementaire et de compétence qui forment l'une des plus sérieuses difficultés de la matière nous ne pouvons d'avance assigner une place fixe : nous les traiterons au fur et à mesure qu'elles se présenteront suivant les exigences du sujet. — Nos recherches porteron d'abord sur les règles et textes législatifs qui se rattachent au droit civil proprement dit; à savoir les articles 644 et 645 du Code Napoléon, la loi du 29 avril 1845 et celle du 11 juillet 1847. Viendra ensuite l'étude des associations syndicales, étude spéciale, mais restreinte aux associations constituées en vue du curage et de l'irrigation. Au cours des développements à donner à la loi du 21 juin 1865 réglementant ces associations, se placeront nécessairement quelques réflexions sur des lois éparses, mais qui ont directement trait à la juridiction administrative et à la police des eaux. Ce seront notamment les lois des 16-20 août

1790, chap. VI ; du 14 floréal an XI (4 mai 1803) ; et du 16 septembre 1807 ; le décret du 26 mars 1852 rectifié par celui du 13 Avril 1861 ; et les lois annuelles des finances.

De cette manière notre travail se trouvera naturellement divisé en deux parties. La première sera plus spécialement consacrée aux questions de pur droit civil ; et la seconde comprendra les matières qui ont un rapport plus direct avec le droit administratif.

PREMIÈRE PARTIE

RÈGLES DE DROIT CIVIL

§ I. — *Propriété bordée ou traversée par un cours d'eau navigable.*

La première réflexion qui s'offre à l'esprit en présence de cette hypothèse dont il est nécessaire mais suffisant de dire un mot, c'est que de tout temps le consentement soit exprès soit tacite de l'administration a été nécessaire au riverain pour établir une prise d'eau. Le Code rural de 1791 lui-même, malgré l'expression en apparence libérale de son article 4, Section 1re, limita la concession au cas où la prise d'eau ne pouvait nuire au bien général et à la navigation établie. Il n'atténuait donc que dans l'expression la disposition de l'ordonnance de 1292 reproduite par celle de 1669, titre 27, article 44 « Défendons à toutes personnes, est-il dit dans cette dernière ordonnance, de détourner l'eau des rivières navigables et flottables, ou d'en affaiblir le cours par tranchées, fossés ou canaux, à peine contre les contrevenants d'être punis comme usurpateurs, et les choses réparées à leurs dépens. »

On trouve encore les anciennes règles protectrices de la domanialité consacrées par le décret du 1er décembre 1790, l'instruction du 20 août 1790, la loi du 6 octobre 1791, et enfin l'arrêté du directoire du 19 ventôse an VI, lequel dans son article 10 enjoint expressément aux administrations départementales de « veiller à ce que nul ne détourne le cours des eaux des rivières navigables ou flottables, et n'y fasse des prises d'eau ou saignées, pour l'irrigation des terres, qu'après y avoir été autorisé par l'administration, et sans pouvoir excéder le niveau qui aura été déterminé. »

Toute prise d'eau non autorisée constitue par conséquent une contravention de grande voirie soumise à la juridiction des conseils de Préfecture. — La compétence administrative résulte de la loi du 29 floréal an X dont l'article 1er met sur la même ligne les routes et les rivières navigables : « Si étant à savoir, disait Bouteiller, que toutes grosses rivières courant par tout le royaume sont au roi notre sire et tout le cours de l'eau, et les tient-on comme chemins royaux. »

La nécessité d'autorisation dont nous venons de parler étant principalement fondée sur la domanialité même des rivières navigables, il nous paraît impossible de l'étendre aux affluents non navigables qui procurent à ces rivières leur navigabilité. Il en résulterait en effet que, prétextant les nécessités de la navigation, l'administration pourrait régler à sa guise l'usage des petites rivières, sans tenir compte des droits consacrés par les dispositions formelles du Code Napoléon. Mais si nous ne pouvons admettre cette espèce de mainmise de l'État, nous reconnaissons qu'il trouve dans son droit de police le moyen de satisfaire à l'intérêt de la navigation par des arrêtés réglementaires ; arrêtés spéciaux dont l'infraction ne constituera alors qu'une simple contravention de police. C'est cette dernière conséquence même qui nous détermine à admettre dans l'hypothèse dont s'agit le règlement de police de l'autorité préfectorale. S'il est admis en effet que l'autorité judiciaire saisie de la contravention peut se faire juge de la légalité du règlement, nous trouvons en dernière analyse les droits de propriété des riverains sauvegardés contre les empiètements administratifs.

Il est évident que l'État, propriétaire et maître des rivières navigables, peut discrétionnairement disposer des concessions au profit des propriétaires riverains ou non riverains avec lesquels il lui plaît ou avec lesquels il lui est possible de traiter, et aux conditions qu'il juge les plus avantageuses. De plus, l'excédant disponible après que toutes les concessions anciennes sont satisfaites peut encore être l'objet d'une concession nouvelle. Et enfin à l'autorisation de prise d'eau se trouve virtuellement attachée une sorte de condition résolutoire. La concession pourra être révoquée par l'administration si les nécessités du service de la nvaigation l'exigent, ou si le concessionnaire ne se conforme point aux dispositions du décret d'autorisation qui règlent l'exercice du droit concédé.

§ 2. *Propriété bordée ou traversée par un cours d'eau non navigable ni flottable.*

Si le caractère de domanialité, la propriété certaine et absolue de l'État sur les rivières navigables écartent toute ambiguité, toute controverse sérieuse à propos de l'usage de leurs eaux pour l'irrigation, cette question est loin d'offrir, quant aux rivières qui ne sont ni navigables ni flottables, la même simplicité, la même concordance. Nous ne rencontrons plus là les droits d'un seul, les droits d'un libre propriétaire, mais des droits rivaux dont l'antagonisme se révèle jusque dans la signification dérivée du mot ripa dont on a pu faire *riva* et *rivalis*. Nous ne rencontrons plus là une seule autorité uniquement préoccupée de pourvoir aux intérêts généraux du pays dont elle est elle-même la plus haute expression. Nous rencontrons cette même autorité aux prises avec une autre force parallèle, nous voulons dire la propriété individuelle, l'intérêt privé. Bien plus, nous la trouvons aux prises avec elle-même ; car sa mission qui consiste à sauvegarder l'intérêt collectif des citoyens lui impose en même temps le devoir de garantir l'intérêt individuel. C'est qu'en effet il ne peut y avoir d'intérêt social à protéger, il ne saurait même exister, de société là où les individus ne trouvent point la sauvegarde de leurs droits personnels. Or, toute la question est précisément de balancer ces deux forces contraires, de les maintenir dans un juste équilibre ; problème bien redoutable si l'on songe que l'avantage donné à l'une des deux rivales aboutit nécessairement à une double défaite, et que le coup est aussi dangereux et aussi terrible pour le vainqueur que pour le vaincu.

C'est dans les articles 644 et 645 du Code Napoléon que nous devons rechercher les éléments principaux de la discussion. L'examen attentif de ces textes importants fera passer devant nos yeux les difficultés les plus sérieuses du sujet.

Il importe d'abord de ne point confondre deux hypothèses prévues et distinguées par l'article 644 lui-même. « Celui, porte cet article, dont la propriété *borde* une eau courante autre que celle qui est déclarée dépendance du domaine public par l'article 538, au titre de la Distinction des Biens, peut s'en servir à son passage pour l'irrigation de ses propriétés. » On comprend qu'il s'agit dans ce premier alinéa du simple riverain, de celui dont la propriété est limitée par le cours d'eau. Ce riverain est nettement distingué par le second alinéa de l'article de celui dont l'eau *traverse* l'héritage. « Celui dont l'eau traverse l'héritage peut même en user dans l'intervalle qu'elle y parcourt, mais à la charge de la rendre, à la sortie de ses fonds, à son cours ordinaire. » Ce dernier a une situation plus avantageuse à raison même de ce que sur le bord opposé il ne rencontre point le droit égal d'un co-riverain, et que s'il cumule les inconvénients du voisinage de l'eau, il doit cumuler aussi les avantages qu'elle procure. Mais l'examen de ces différences ne peut être utilement entrepris que si l'on a au préalable déterminé le champ d'application de l'article 644 et celui de l'article 645 qui est la sanction du premier.

Aux termes mêmes de l'art. 664, les propriétaires n'ont de droits à prétendre que sur l'eau courante qui borde ou traverse leurs fonds, et, nous venons de le voir, sur l'eau courante qui n'a point été déclarée dépendance du domaine public. — L'expression *eau courante* est trop significative par elle-même pour qu'il soit possible d'appliquer l'article aux eaux pluviales, lesquelles assurément peuvent suivre la pente naturelle du sol et présenter même l'apparence d'un écoulement régulier, mais n'offrent point cette permanence, cette fixité du niveau, qui sont le caractère distinctif des eaux vives. — Éparses ou réunies dans un canal, les eaux pluviales qui sont *res nullius* peuvent, par l'effet d'une occupation complète et véritable, être absorbées par celui qui les retient, tandis que les eaux courantes ne sont susceptibles que d'un droit d'usage plus ou moins étendu à titre de *res communes*. — L'article 644 ne s'applique point davantage aux eaux des lacs, des étangs ou des réservoirs. Il y a là autant de propriétés privées à respecter, contre lesquelles ne saurait prévaloir l'utilité des fonds riverains.

L'exclusion qui s'attache à l'eau courante faisant partie du domaine public, n'atteint point les cours d'eau qui ne sont flottables qu'à bûches perdues, les affluents non navigables ni flottables de cours d'eau déclarés d'ailleurs navigables ou flottables, non plus que les portions mêmes de ces cours d'eau auxquelles n'aurait pas été étendue la déclaration de navigabilité. — En cette matière, la doctrine romaine qui appliquait l'interdit de la navigation au cours d'eau, au « flumen per quod fieret aliud navigabile, » servirait trop bien la domanialité; car, suivant la fine réflexion de Demolombe, sous prétexte que ce sont les petites rivières qui font les grandes, tous les cours d'eau sans exception deviendraient publics. L'administration, du reste, trouve dans la faculté de déclarer la navigabilité, les moyens de pourvoir promptement et sûrement aux nécessités des services publics.

Nous n'oserions en dire autant des bras de ces mêmes rivières, alors qu'ils ne seraient ni navigables ni flottables, par ces motifs qu'ils en sont les dépendances nécessaires, qu'en général ils se prêtent tout au moins au flottage, et que dès que l'on en peut tirer quelque parti, la déclaration de navigabilité les atteint comme par voie de conséquence.

Enfin nous écarterons du cadre de l'article 644 les eaux des canaux artificiels, que ces canaux appartiennent à l'État ou qu'ils appartiennent à des particuliers [1]; parce que là encore le riverain du canal rencontre une propriété privée, une propriété qui s'est établie par voie d'occupation, et que généralement la condition du contact direct et immédiat de l'eau et de l'héritage voisin fait défaut.

Le plus souvent, en effet, les berges ou francs-bords, accessoires nécessaires du canal, servent de séparation ; et l'on ne peut dire que l'héritage est bordé ou traversé par l'eau courante dans le sens de l'art. 644. — D'après ce texte, il faut être propriétaire de fonds contigus au cours d'eau pour exercer les droits d'usage qui y sont mentionnés. Aussi le raisonnement qui s'applique subsidiairement au canal creusé de main d'homme à raison de la berge ou des francs-bords, est-il plus fondé encore en ce qui concerne le chemin public ou le chemin privé servant de séparation entre une propriété et l'eau courante.

Pour refuser d'une manière aussi absolue l'usage de l'eau au propriétaire voisin d'un canal artificiel, nous avons évidemment supposé que celui dans l'intérêt duquel le canal était établi, était propriétaire de ce canal, de son lit et de ses bords.

Supposant au contraire que le canal est la propriété de celui dont il traverse ou borde le fonds, en sorte que l'industriel qui en tire profit exerce un simple droit de servitude d'aqueduc, nous devrons

[1] Cassation, 25 mars 1868.

reconnaître au riverain du canal le droit de faire tous actes compatibles avec l'exercice de cette servitude d'aqueduc. Et aussi bien la servitude sera limitée par les besoins du fonds dominant. — Il n'est pas besoin d'ajouter que les conventions privées, la prescription ou la destination du père de famille pourront modifier la situation respective du propriétaire du canal et du riverain.

L'usage de l'eau courante spécialement prévu par les articles 644 et 645 du Code Napoléon, doit seul attirer notre attention, et nous ne dirons rien de certains droits reconnus communs à tous, tels que celui de puiser l'eau à une rivière pour les besoins de la vie, de s'y baigner, d'y laver le linge, d'y abreuver les bestiaux, toutes les fois que dans l'accomplissement de ces actes on ne porte atteinte à aucun droit du propriétaire. Ces facultés dérivent du droit naturel d'après lequel l'homme s'approprie, partout où il le rencontre, l'un de ces éléments qui, illimités dans la mesure en même temps qu'indispensables à la vie, ne souffrent aucune diminution par suite de l'usage auquel ils sont soumis. — Notre discussion porte sur les droits privés que la loi consacre comme dépendances des héritages riverains, soit qu'elle veuille compenser par ces avantages les inconvénients du voisinage de l'eau, soit qu'elle reconnaisse que les riverains seuls sont en position de profiter utilement de ces droits d'usage. Ceux-là seuls, en effet, dont l'héritage touche le cours d'eau, peuvent se prévaloir des articles 644 et 645 C. N. Nous en avons déjà conclu que si un chemin public, communal ou privé, séparait un fonds et le cours d'eau, le propriétaire du fonds ne saurait bénéficier de l'article 644. Il en résulte pareillement dans l'hypothèse où le lit du cours d'eau se trouve déplacé, que les anciens riverains ne sont point en droit d'exiger des nouveaux riverains l'établissement d'un aqueduc qui reconstituerait leur jouissance des eaux.

Le texte de l'article 644 étant trop formel pour que la contiguité n'apparaisse pas comme la condition essentielle impérieusement exigée par le législateur, on est forcé, pour être logique, d'admettre les résultats parfois singuliers auxquels conduit le système du Code. Ainsi une propriété qui ne sera séparée de la rivière que par une langue de terre de quelques mètres de largeur ne pourra participer aux bienfaits de l'irrigation, tandis que sur l'autre rive un héritage qui s'étendra bien loin dans la plaine aura dans toute son étendue l'arrosement qui lui est nécessaire. Il y a là une inégalité flagrante de répartition entre les terres latérales aux cours d'eau ; et peut-être eût-il mieux valu que la loi déterminât l'étendue de terrain qui aurait droit à l'irrigation sur chacune des rives, sans distinguer si ce terrain appartenait à des propriétaires différents, riverains ou non riverains. Mais, quoiqu'il en soit, la doctrine du Code n'est point douteuse en présence des termes formels de l'article 644.

Si les avantages de l'irrigation sont reconnus aux seuls riverains, ils y sont du moins tous admis sans exception. Ayant même situation, même intérêt, l'égalité de droits devait leur être assurée : « En rivières et autres héritages, a dit Coquille, le droit de chacun est d'en user tellement que l'usage des autres n'en soit pas empêché. » Il y a en effet un juste équilibre à maintenir entre les riverains latéraux, les riverains en amont et les riverains en aval. Il ne faut pas que l'un puisse accaparer l'usage de l'eau au détriment de ses coriverains, ce qui amènerait une guerre de représailles et réduirait presque à néant le plus précieux des moyens de fertilisation.

En reconnaissant les riverains propriétaires du lit des petites rivières, on peut voir dans leur droit égal et parallèle à l'usage des eaux le résultat d'une sorte de copropriété mitoyenne produisant entre coriverains les effets, droits obligations que fait naître entre voisins la mitoyenneté d'une clôture. Se refuse-t-on à reconnaître les riverains propriétaires ; on voit dans l'art. 644 la concession faite par le législateur d'un droit de jouissance commune et indivise entre coriverains. — Mais le point de départ est indifférent, puisque c'est aux expressions mêmes des articles 644 et 645 qu'il faudra se référer pour savoir si le législateur a entendu proportionner les prérogatives de la copropriété mitoyenne à l'étendue des fonds ou concéder une jouissance indivise proportionnelle à cette même étendue.

Il était admis en droit romain que l'eau fût distribuée *ad irrigandos agros pro modo possessionum*, et nous ne pensons pas que les termes de l'article 644 « *peut s'en servir à son passage pour l'irrigation de les propriétés* » contredisent ce mode d'aménagement d'après lequel il y aurait à tenir compte non-seulement de l'étendue de la propriété, mais encore de la nature du sol, du mode d'exploitation et du genre de culture. Cette interprétation cadre d'ailleurs parfaitement avec la pensée de l'article 645. Si en effet, le tribunal jugeant une contestation de cette nature a pour mission de concilier l'intérêt de l'agriculture avec le respect dû à la propriété, il exerce en cela un pouvoir vraiment discrétionnaire qui ne saurait se concilier avec une règle aussi absolue que la proportionalité exacte entre la surface des terrains à irriguer et le volume d'eau destiné à l'arrosement.

I. *Propriété bordée par l'eau courante.* — Aux termes de l'article 644 « celui dont la propriété borde une eau courante peut s'en servir pour l'irrigation de ses propriétés. » Nul doute que ce riverain ne puisse irriguer en même temps diverses pièces de terre qui, malgré la différence des cultures, forment un seul tout et adhèrent sans solution de continuité à la pièce vraiment riveraine. L'expression « ses propriétés » autorise formellement cette interprétation.

Mais doit-on en étendre la portée, et le riverain pourra-t-il, avec le consentement du propriétaire intermédiaire ou en invoquant la loi du 29 avril 1845, appliquer à d'autres propriétés non riveraines le bénéfice de l'irrigation ? Dans le sens de la négative on a dit que les mots « celui dont la propriété borde.. » indiquaient une restriction et que les avantage de l'irrigation inhérents aux fonds riverains n'avaient point leur raison d'application à des terres qui ne souffraient point du voisinage de la rivière. Mais l'affirmative ne paraît plus douteuse depuis la loi du 29 avril 1845 qui, en contituant la servitude de passage pour les eaux dont le propriétaire a le droit de disposer, a par cela même décidé que l'usage de ces eaux n'était point limitativement attribué aux fonds bordés ou traversés par le cours d'eau. [1] Toute la difficulté se concentre aujourd'hui sur le point de savoir quel est le volume d'eau dont le propriétaire pourra réclamer l'usage.

On comprend que cette question ait pu diviser la jurisprudence quand, d'une part, on voit l'article 644 rattacher à la qualité de fonds riverain la prérogative du droit d'irrigation, et que, d'autre part, cette prérogative trouve une extension très légitime non seulement dans la législation postérieure, mais encore dans l'article 645 lui-même qui investit les tribunaux d'un vrai pouvoir discrétionnaire. Confiants dans l'administration tutélaire et éclairée de la justice nous admettrons volontiers, avec l'arrêt de la Cour de Cassation du 8 novembre 1854, que la quantité d'eau

[1] Lyon, 15 novembre 1851.

qu'un riverain pourra être autorisé à détourner pour l'irrigation de ses propriétés, doit être réglée, non pas nécessairement d'après l'étendue de la propriété riveraine, mais d'après les besoins du propriétaire et les intérêts généraux de l'agriculture.

Du droit reconnu au profit du propriétaire riverain de transmettre les eaux à sa propriété non riveraine, nous concluons à la légalité de la cession qu'il consentirait de son droit au profit d'un propriétaire non riverain.

Non seulement cette solution point contredite par la logique; mais encore elle est conforme au texte de l'article premier de la loi de 1845. Cet article décide que « tout propriétaire, » et non point « tout propriétaire riverain », peut obtenir, pour les eaux dont il a le droit de disposer, le passage sur les propriétés intermédiaires. Et la légalité d'une pareille cession est d'autant moins douteuse que le système contraire restreindrait l'application de la loi de 1845 dans une mesure tout à fait contraire aux intentions de ses rédacteurs. Les explications données par M. Dalloz rapporteur, dans la discussion malheureusement trop confuse de la loi du 11 juillet 1847, viennent encore confirmer cette interprétation.

Est-il nécessaire de dire que cette cession ne peut avoir lieu que sous les conditions et dans les limites où le propriétaire riverain aurait pu lui-même irriguer sa propriété non riveraine? C'est l'application pure et simple de la maxime : « Nemo plus juris in alium conferre potest quam et ipse habet. »

Le droit aux eaux d'irrigation pourrait encore appartenir à un propriétaire non riverain par l'effet de quelque ancien statut ou usage local reconnu par l'article 645, d'une convention passée avec tous les intéressés, de la prescription acquise conformément aux art. 642 et 690 C. N., ou enfin de la destination du père de famille.

Pour déterminer quels sont les fonds riverains auxquels s'applique le bénéfice des articles 644 et 645, suffit-il de s'attacher à l'état des lieux tel qu'il existe au moment où est formée la réclamation relative à l'usage des eaux ?

La question embrasse une double hypothèse. On peut d'une part supposer que la propriété riveraine s'est agrandie par des acquisitions nouvelles, ou, ce qui revient au même, qu'elle a été accroître une propriété non riveraine. On peut d'autre part supposer qu'elle s'est trouvée diminuée par l'effet de partages ou autres modes d'aliénation.

Dans l'un et l'autre cas notre réponse est affirmative.

Dans la première hypothèse, pour établir que les terrains nouveaux ne doivent point participer à l'irrigation, on dit que les divers héritages restent distincts quant à la servitude ; que celle-ci n'est pas plus susceptible d'extension par l'effet de l'adjonction des terrains qu'elle ne le serait par l'effet des conventions ; que la concession légale dérivant de la situation des lieux est définie, limitée, afin d'éviter les abus et les injustices qui résulteraient pour les coriverains latéraux ou inférieurs de l'agrandissement démesuré d'une propriété latérale et de la dérivation excessive des eaux d'irrigation. — Mais on répond que le droit aux eaux d'irrigation est bien plutôt un attribut de la propriété riveraine qu'il ne constitue une espèce particulière de servitude, qu'il doit par conséquent se régler d'après les principes généraux de la propriété et non d'après les principes restrictifs des servitudes; que l'article 644 confère l'usage des eaux à toute propriété riveraine sans avoir égard à l'étendue ni à la nature d'exploitation des fonds réunis ou divisés qui la composent; que prétendre se référer à l'époque où les droits de chacun des fonds ont été constitués, serait vouloir remonter au déluge. Et en effet, pour établir l'état primitif des diverses portions, il faudrait au moins remonter trente ans en arrière ou encore à la promulgation du Code. D'ailleurs, comme le remarque M. Demolombe, ne peut-il pas arriver encore que cette réunion même de terrains morcelés soit un retour à l'état primitif? Ne peut-il pas se faire que malgré cette adjonction le riverain opposé, propriétaire d'une plus grande étendue de terrain, absorbe aujourd'hui encore une quantité d'eau supérieure? Et enfin l'article 645 ne ferme-t-il pas la porte à l'abus et à la fraude en confiant aux magistrats l'équitable distribution des eaux d'irrigation?

Dans la seconde hypothèse, pour refuser l'usage

des eaux à la portion détachée et non riveraine, on objecte que l'article 644 ne concède le droit d'irrigation qu'aux terres riveraines. — Nous répondons que si l'acte de partage ou d'aliénation contient au profit du propriétaire du fonds détaché une réserve expresse, ou s'il existe un signe apparent du maintien de l'état de choses antérieur indiquant l'intention du disposant, la destination du père de famille, il y a là une condition dépendante du fait même de la séparation, une condition qui n'en peut être séparée et qui a force de loi entre les propriétaires des fonds détachés. Et nous ajoutons que cette réserve expresse ou tacite est opposable aux coriverains, propriétaires latéraux, d'amont ou d'aval, à raison de ce que ces coriverains eux-mêmes ne peuvent invoquer l'acte d'aliénation ou de partage sans qu'on leur oppose la réserve, la condition qui en est inséparable. Ils sont obligés de prendre l'acte dans son entier : ils ne peuvent l'accepter pour partie et le répudier pour le reste sans se mettre en contradiction avec eux-mêmes. — Il faut convenir aussi que le système contraire rendrait inutile le droit reconnu aux propriétaires des portions détachées à l'encontre des copartageants ou coacquéreurs riverains ; attendu qu'alors la prohibition, pour venir de personnes qui n'étaient point parties à l'acte d'aliénation ou de partage, ne produirait pas moins le même effet désastreux. On ne peut reprocher à notre solution d'investir d'une attribution nouvelle et contraire à la loi le fonds non riverain. Il y a là maintien pur et simple d'un droit au profit de portion d'une propriété, qui, jouissant dans son intégralité des eaux d'irrigation, continue à en jouir dans son morcellement, parce que la division n'a eu lieu que sous la réserve du statu quo. Et cette condition de réserve produit au point de vue de l'économie sociale les plus heureux résultats. Elle favorise le partage et la division des biens ; elle assure aux lots détachés des moyens de production et d'amélioration, ou du moins elle empêche des dépréciations qui seraient nuisibles aux intérêts généraux de la société.

La comparaison des deux alinéas de l'article 644, et l'expression « à son passage » que nous rencontrons au premier de ces alinéas, démontrent avec évidence que celui dont la propriété borde seulement l'eau courante n'est point autorisé à en déplacer le lit, et qu'il lui est interdit de détourner même accidentellement le cours de l'eau. Mais il lui est loisible de pratiquer des saignées, des rigoles, des canaux ou autres ouvrages destinés à amener l'eau sur son fonds, en tant que ces opérations ne nuisent point aux autres riverains et ne constituent point des contraventions aux usages ou réglements établis.

Jusqu'à la loi du 11 juillet 1847, on a pu discuter si l'exercice du droit d'irrigation n'emportait point pour le riverain la faculté d'appuyer, soit provisoirement, soit à demeure, un barrage sur la rive opposée. Proudhon le soutenait. Daviel, enseignant que chacun des riverains est propriétaire du lit jusqu'à la ligne médiane de la rivière, ne pouvait permettre au riverain d'établir au-delà les ouvrages propres à l'irrigation, et à plus forte raison de les appuyer sur la rive opposée. Cette dernière doctrine a trouvé une consécration implicite dans la loi de 1847. Cette loi décide « que le propriétaire qui voudra se servir pour l'irrigation de ses propriétés des eaux dont il a le droit de disposer *pourra obtenir* la faculté d'appuyer sur la propriété du riverain opposé les ouvrages d'art nécessaires à sa prise d'eau, à la charge d'une juste et préalable indemnité. » Nous ne trouvons point, sans doute, en ce texte, la décision formelle que les ouvrages ne joignant point la rive opposée, mais dépassant le fil de l'eau, ne donnent point lieu à indemnité ; mais de ce qu'un texte législatif a été jugé nécessaire pour soumettre celui qui exerce la servitude d'appui à une indemnité, nous concluons que l'absence de texte autorise ici à exempter d'un tribut analogue l'exercice régulier du droit d'irrigation. Et, d'ailleurs, de deux choses l'une, ou ces ouvrages entraveront le droit parallèle d'irrigation du coriverain, et alors il pourra s'opposer d'une façon absolue à leur établissement ; ou bien ils ne l'entraveront point, et alors, ne souffrant aucun préjudice appréciable, son action en indemnité sera irrecevable par défaut d'intérêt.

Si le riverain dont l'eau borde l'héritage est soumis à la prohibition d'en détourner le cours, rien ne s'oppose à ce que, du consentement du propriétaire supérieur, il établisse une prise d'eau sur l'héritage de celui-ci. — Il se rencontre nombre de cas où ce procédé est le seul praticable à raison de l'escarpement des rives, de la hauteur du sol à irriguer, ou de toute autre cause naturelle. Bien plus, la même prise d'eau peut servir à l'irrigation de plusieurs fonds successifs, si les propriétaires s'entendent à cet effet, et si, n'employant que la quantité d'eau à laquelle ils ont droit, ils ne froissent par cette dérivation provisoire aucun intérêt légitime.

L'article 644 détermine-t-il d'une façon limitative l'usage que le riverain dont s'agit pourra faire de l'eau ? — Il semble bien que l'irrigation est tout au moins l'objet précis de la faculté légale, l'objet seul spécifié et véritablement fondé en titre. Il est impossible cependant de ne point l'appliquer aux usages d'utilité domestique, comme l'établissement d'un bassin, d'un lavoir, d'un vivier. Ce sont là des usages que l'article 644 a dû présupposer. Se présente-t-il d'ailleurs des abus ; l'eau est-elle en trop grande quantité détournée et retenue pour l'entretien d'un étang, par exemple ; restent la demande en règlement, le recours aux tribunaux, conformément à l'article 645. — On est conduit ainsi à reconnaître au riverain d'un seul côté le droit de faire pénétrer les eaux sur son fonds et de les utiliser dans l'exercice de sa profession ou de son industrie [1]. Si, en

[1] Besançon, 10 février 1864.

effet, en présence du second alinéa de l'article 644, ce droit n'est et ne peut être contesté à celui dont l'eau traverse l'héritage, il y a d'excellents motifs de le reconnaître dans une certaine mesure à celui dont l'eau borde l'héritage. C'est le fait seul de l'assiette des propriétés qui différencie la situation du riverain d'un seul côté de la situation de celui qui est propriétaire sur les deux rives. Il n'existe véritablement point entre eux de différence juridique. Alors que le premier se trouve en présence d'un coriverain dont les intérêts réclament satisfaction, le second ne rencontre point de droit rival, parce qu'il absorbe en lui-même une double personnalité. Dès lors il jouit sans partage de la faculté d'employer les eaux. — Dès lors, aussi, si le riverain d'un seul côté n'applique aux usages domestiques ou industriels que la quantité d'eau qu'il serait en droit d'appliquer à l'irrigation, son coriverain n'est pas recevable à se plaindre, non plus que les propriétaires inférieurs ne pourraient, suivant les cas, élever de réclamation, alors même que ce riverain d'un seul côté emploierait à ces usages une quantité d'eau supérieure aux besoins de son fonds. Il suffirait que cette quantité ne dépassât point la mesure dans laquelle il pourrait user de l'eau s'il était propriétaire sur les deux rives, et que d'ailleurs le riverain latéral, ne pouvant ou ne voulant irriguer, n'eût point intérêt ou encore renonçât à se plaindre de cette extension de jouissance. — Nulle difficulté encore à ce que le riverain d'un seul côté, du consentement du coriverain latéral, fasse entrer et circuler l'eau dans l'intérieur de sa propriété. — Mais évidemment nous supposons dans tous les cas que les eaux sont restituées à leur cours ordinaire à la sortie du fonds, conformément au second alinéa de l'article 644.

Il n'est point de matière qui, plus que l'utilisation des pentes, l'emploi de l'eau comme force motrice, ait donné lieu en théorie à de vives controverses et en pratique à des contestations sans nombre. Avant donc d'examiner si le riverain simplement latéral d'un cours d'eau non navigable ni flottable, trouve dans les articles 644 et 645 C. N. le droit d'établir une usine quelconque, il est nécessaire de nous fixer sur le caractère légal de la chute d'eau et de rappeler brièvement l'état ancien de la législation sur la matière.

Nous sommes loin de rejeter l'opinion de ceux qui disent qu'à raison de son application mécanique, la pente d'un cours d'eau, élément principal et direct de production, forme l'un des attributs de la propriété; en sorte que celui-là seul qui la possède sur son fonds est en droit d'en faire un usage libre et indépendant. Et cela admis, nous devrions ajouter : que sans doute on ne peut méconnaître que l'administration, à raison de sa mission sociale et de son autorité de haute police, ait le droit d'accorder ou de refuser l'autorisation d'utiliser les pentes à celui-là même qui n'a point dans son fonds toute la chute d'eau demandée;

mais que les intérêts particuliers ne peuvent être conciliés que si l'on attribue une indemnité aux fonds supérieurs qui contribuent à la chute. L'usinier, d'ailleurs, devrait encore cette indemnité à raison du préjudice dont la retenue des eaux menace les terrains supérieurs. — Toutefois, il est certain que la propriété riveraine n'a point été l'objet de tant de préoccupations de la part de nos législateurs. — En fait, une foule de moulins et d'usines se trouvaient établies sur le cours des rivières avec des titres d'origine diverse. Les errements anciens ont prévalu, et l'on s'est habitué à voir dans les pentes des *res nullius* dont la jouissance est réglée par les lois de police conformément à l'article 714 C. N.; doctrine qui s'harmonise, d'ailleurs, avec le dernier état de la jurisprudence de la Cour de Cassation sur la propriété des petites rivières. Pas plus que l'air et la lumière, a-t-on dit, les eaux courantes ne sont susceptibles d'une jouissance exclusive. La masse et la vitesse qui concourent à former la chute sont inhérentes à l'eau qui coule. Elles ne sont donc pas plus qu'elle susceptibles de propriété privée. — Le point de vue juridique, nous le reconnaissons, a disparu devant le point de vue économique, devant l'utilité. On a vu que diviser la force motrice serait la détruire ; qu'il importait par conséquent à l'intérêt de l'État de ne point la soumettre à des licitations ou à des expropriations faites à charge d'indemnité pour d'autres riverains que le concessionnaire, afin d'éviter des complications sans nombre. On a fait du droit de police de l'administration un droit d'attribution, sous prétexte que la pente est autant le fait du travail de l'homme que l'œuvre de la nature, et moins un accessoire essentiel de la propriété riveraine qu'une création nouvelle du pouvoir social, encore que l'on reconnût la pente susceptible d'une possession ancienne, ce qui implique manifestement contradiction. Quoiqu'il en soit, les avantages qu'offre incontestablement cette jurisprudence dans la pratique ont assuré sa consécration définitive ; et elle s'harmonise au mieux avec les décrets de décentralisation de 1852 et 1861. (Voir Tableau D 3°. Décret de 1861.)

Grâce au principe de la non-rétroactivité des lois, nulle atteinte n'a pu être portée par les articles 644 et 645 C. N., non plus que par les lois abolitives de la féodalité aux droits des propriétaires de moulins et autres usines établis avant 1789. Or, l'on sait que la concession faite par les seigneurs en vertu de leurs droits de propriété ou de police était, avant 1789, un titre suffisant. — Il faut voir encore dans la possession trentenaire acquise à l'époque de la promulgation des lois abolitives de la féodalité, un titre équivalent à l'acte de concession. Et, sous ce rapport nous ne faisons pas, comme la Cour de cassation, de distinction entre les usines construites par des tiers en vertu de concessions faites à titre onéreux par les seigneurs et les usines qui, construites par les seigneurs eux-mêmes, ont passé à des tiers acquéreurs. Peut-on admettre, en effet, que les seigneurs n'aient pas légalement créé eux-mêmes et pour leur compte ce que leur simple autorisation faisait légalement créer par autrui?

En 1789, le fameux décret du 4 août renverse avec la juridiction seigneuriale tout le système de police des eaux. Mais si ce décret laisse indécise la question de propriété des petites rivières, la législation qui y fait suite pose à leur administration économique des règles non équivoques, et le droit de juridiction de l'État ne saurait être contesté en présence des lois des 16-20 août 1790, 28 septembre 6 octobre 1791, des arrêtés directoriaux des 9 et 19 ventôse an VI, de la loi du 16 septembre 1807, et enfin du décret du 13 novembre 1811. — Nous voyons, en effet, la loi de 1790 recommander aux administrations de département « de rechercher et indiquer le moyen de procurer le libre cours des eaux, d'empêcher que les prairies ne soient submergées par la trop grande élévation des écluses, des moulins, et par les autres ouvrages d'art établis sur les rivières; de diriger autant qu'il sera possible toutes les eaux du territoire vers un but d'utilité générale, d'après les principes de l'irrigation. » — De même, le titre 2 du Code rural, loi du 6 octobre 1791, porte « que les propriétaires ou fermiers des moulins ou usines seront forcés de tenir leurs eaux à une hauteur qui ne nuise à personne et qui sera fixée par le directoire de département d'après l'avis du directoire du district ; » décisions qui, par la généralité des termes, s'appliquent à toutes les rivières sans distinction, quelles soient navigables ou non navigables, que l'État ait ou non sur elles un droit de propriété. — L'article de l'arrêté du 19 ventôse an VI est plus contestable dans son application aux rivières non navigables. Il décide « qu'il ne sera établi aucun pont, aucune chaussée permanente ou mobile, aucune écluse ou usine, aucun moulin, bâtardeau, digue, ou autre obstacle quelconque au cours des eaux dans les rivières navigables et flottables, dans les canaux d'irrigation ou de dessèchements généraux, sans en avoir obtenu la permission de l'autorité centrale qui ne pourra l'accorder que de l'autorité expresse du directoire exécutif. » Cependant, il semble bien qu'embrassant le triple intérêt de la navigation, de l'industrie et de l'agriculture, cet arrêté n'a pu parler des canaux d'irrigation ou de dessèchements généraux sans se référer aux eaux des rivières non navigables utilisées spécialement par l'industrie agricole. — Nous ajouterons enfin que la nécessité de l'autorisation administrative est clairement supposée dans l'article 4, Tableau D, § 1 à 6, du décret du 25 mars 1852 comme dans l'article 2, § 4 et 5 et Tableau D, § 1 à 8 du décret du 13-20 avril 1861, textes qui tracent les limites de la compétence préfectorale relativement au régime des eaux.

On arrive donc à cette conclusion que toute usine

établie sans autorisation n'a point vis-à-vis de l'administration d'existence légale ; qu'elle ne peut en conquérir une par la prescription, puisque le droit de haute police de l'État est de sa nature intransmissible et inaliénable ; et que par conséquent l'administration peut, à son gré, et sans être sujette à un recours en indemnité, ruiner l'usine ainsi établie en disposant de la chûte d'eau au profit d'un industriel qu'elle veut bien autoriser. C'est là une solution qui, au regard de l'administration, n'est pas douteuse.

Peut-on avec la même assurance se prononcer pour la précarité du droit de l'usinier non autorisé à l'égard de ses coriverains ? Ceux-ci pourraient-ils impunément porter atteinte à son établissement par leurs propres entreprises ? — Si l'établissement de l'usine n'avait d'autre fondement que la concession, c'est-à-dire le bon vouloir de l'administration, nous n'hésiterions pas à nous prononcer pour l'affirmative, parce que ce serait une voie de fait qui anéantirait une voie de fait. Mais si dans cet établissement il faut voir l'exercice d'un droit véritable, d'un droit admis, conféré par l'article 644, il y aurait souveraine injustice à ne point accorder réparation du préjudice causé ; et à notre avis, si on consulte l'esprit des art. 644 et 645, c'est à cette conclusion que l'on est amené. — Sans doute l'article 644 ne confère expressément l'usage de l'eau que pour l'irrigation. Comme tant d'autres textes du Code il prévoit spécialement le *quod plerumque fit*, l'usage le plus sérieux, celui qui est susceptible d'absorber la plus grande quantité des eaux d'une rivière. Mais cet article est intimement lié à l'article 645. Celui-ci vient le compléter : et quand il nous apprend « que les magistrats dans l'application de l'article 644 devront concilier le respect dû à la propriété avec l'intérêt de l'agriculture, pouvons-nous croire que la propriété industrielle ait dû moins que la propriété territoriale éveiller l'attention du législateur? — La conclusion naturelle qui ressort de la combinaison de ces deux textes est que tout usage de l'eau qui porte atteinte au droit parallèle du coriverain est seul interdit, et dès lors que les droits privés conférés par l'article 644 doivent s'exercer librement dans leurs sphères respectives. — Que si l'on supposait une usine établie sans autorisation et dont le propriétaire, quant à l'usage de l'eau, dépasserait les limites tracées par l'article 644, il faudrait décider que l'intérêt privé du coriverain le rend recevable à contester l'établissement nouveau. — Nous ne voyons d'ailleurs dans l'autorisation administrative qu'une mesure de prévoyance sociale, d'ordre public, commandée par la mission de haute police dont l'État est investi, mission qui n'a rien de commun avec les rapports privés des coriverains entr'eux.

Les considérations économiques viennent encore à l'appui de cette solution en tant qu'elles peuvent prêter leur concours à un texte de loi qui véritablement les a trop laissé dans l'ombre. — Il est évidont que le développement de la richesse publique dépend pour une bonne part de l'appui efficace qu'il trouve dans la législation, et, sans exiger de celle-ci qu'elle suive pas à pas le mouvement industriel, ne doit-on pas au moins lui demander de ne pas entraver ses progrès ?

Nous croyons encore bien comprendre l'intérêt économique en décidant que le droit du riverain d'un seul côté à l'usage de l'eau est limité par l'article 644 aux besoins de son fonds, qu'il n'a point la faculté de disposer du superflu, de le retenir pour un usage d'agrément, de le concéder à des tiers. Et si la configuration du terrain est un obstacle au retour des eaux qui ont servi à l'irrigation vers le lit de la rivière, les coriverains seront fondés à s'adresser aux tribunaux pour qu'ils ordonnent, en vertu de l'article 645, l'exécution des travaux nécessaires à la restitution de ces eaux ou à la diminution du volume de dérivation.

Ce serait nous écarter de notre sujet que de traiter de certains droits que nous n'hésitons pas à reconnaître au riverain même d'un seul côté, à savoir le droit exclusif de pêche en vertu des articles 1, 2 et 5 de la loi du 15 avril 1829, le droit de récolter les herbes et roseaux de la rivière, d'extraire le limon et le sable, en tant que ce riverain ne contrevient point aux règlements de police des eaux. Ces droits suivant nous, résultent suffisamment à son profit de sa qualité de propriétaire du lit. — Le riverain peut aussi avoir une barque dans la rivière pour son usage individuel, sans qu'il ait besoin de recourir à l'autorisation administrative. L'article 4 du décret du 25 mars 1852 en faisant dépendre de l'autorisation préfectorale l'établissement de bateaux particuliers n'a dû se référer qu'aux cours d'eau navigables. On ne comprendrait point que d'un trait de plume une entrave nouvelle eut été imposée à ce qui avait toujours été reconnu comme l'exercice direct du droit de propriété.

Nous ne rappelons non plus que pour mémoire le bénéfice d'accession du riverain sur les îles, ilots ou atterrissements qui se forment dans les cours d'eau (articles 556 et suivants du Code Napoléon).

II. — *Propriété traversée par l'eau courante.* — Comme nous avons eu déjà occasion d'en faire la remarque, la rédaction du second alinéa de l'article 644 semble conférer des droits plus étendus au propriétaire dont l'eau traverse qu'à celui dont l'eau borde simplement l'héritage. A ce dernier la loi donne la faculté « d'en user dans l'intervalle qu'elle y parcourt, mais à la charge de la rendre à la sortie de ses fonds à son cours ordinaire. » Nous croyons avoir donné l'explication et indiqué la portée de cette différence en disant qu'elle repose uniquement sur ce que le riverain des deux côtés n'a point à tenir compte du droit égal et parallèle d'un riverain latéral, tandis que le riverain d'un seul côté rencontre et doit respecter ce droit rival. Aussi n'avons-nous point donné une interprétation limitative à ces mots du premier paragraphe de l'article 644 « pour l'irrigation de ses propriétés, » et avons-nous vu dans le second paragraphe la véritable portée de l'article tout entier. L'expression « il pourra en user » consacre formellement, à notre avis, l'emploi de l'eau à toutes fins, industrielles, agricoles, ou d'agrément, dès que l'on respecte les droits des riverains en amont et en aval et aussi les règlements administratifs. — Cependant il faut convenir que si le riverain des deux côtés ne trouve point dans l'article 644, comme texte législatif, une condition meilleure que celle du riverain d'un seul côté, on sait que l'assiette de sa propriété sur les deux rives lui procure des avantages particuliers. — Ainsi, sous la seule obligation de restituer l'eau à son cours ordinaire à la sortie de son fonds, c'est-à-dire au point où il cesse d'être propriétaire tout au moins de l'une des deux rives, il est le maître du cours d'eau, il en déplace le lit, et il le fait à sa guise serpenter chez lui. Nous admettons même avec MM. Demolombe et Pardessus que du consentement d'un propriétaire inférieur il pourrait rendre l'eau à son cours normal par une sortie pratiquée sur le fonds de celui-ci. Il suffit que par cette dérivation prolongée il ne prive pas un autre propriétaire du voisinage de la rivière. Ainsi encore, en dehors du cas d'application de la loi de 1847 qui, pour l'obtention de la servitude d'appui par le riverain d'un seul côté, met à sa charge une indemnité, et qui de plus n'a trait qu'à l'irrigation, le riverain dont l'eau traverse l'héritage peut, sous la condition d'observer les règlements administratifs, appuyer sur les deux rives des barrages ou autres ouvrages destinés à faciliter la pêche ou le fonctionnement d'usines.

Doit-on admettre qu'à la différence du riverain d'un seul côté, le propriétaire des deux rives trouve dans le second alinéa de l'article 644 un droit d'usage si complet qu'il ne doive transmettre aux riverains inférieurs que la quantité d'eau qu'il ne voudrait point appliquer aux besoins ou au pur agrément de son fonds ? Un certain nombre d'auteurs et d'arrêts se sont prononcés dans ce sens. Ils admettent une espèce de droit de préférence, de préoccupation que la situation des lieux assurerait aux propriétaires supérieurs, et ils subordonnent le droit des propriétaires inférieurs à l'existence d'un excédant dans la quantité de l'eau qui traverse le fonds supérieur. — L'opinion contraire nous paraît de tous points préférable. La première interprétation en effet ne tient point compte du retranchement, très-significatif, à notre avis, des mots « (user) à sa volonté » que contenait la rédaction primitive du deuxième alinéa de l'art. 644. Il fut amené par cette observation que l'un des propriétaires supérieurs pourrait se croire autorisé à s'emparer tellement des eaux qu'il en absorbât l'usage et qu'il n'en laissât rien échapper vers les propriétés inférieures. Ajoutons que la première interprétation rendrait assez peu explicable la disposition finale de l'article 644 qui prescrit la restitution de l'eau à son cours ordinaire et lui ôterait à peu près toute son utilité pratique. — Celle à laquelle nous nous arrêtons est conforme à l'ancienne doctrine des Parlements (Paris, 16 juin 1605) qui défendaient aux riverains supérieurs d'absorber trop complétement l'eau des rivières, et qui, prescrivant comme l'article 644 *in fine* la restitution de l'eau à son cours habituel au sortir des fiefs, ajoutaient « sans dommage d'autrui » — « En rivières et autres héritages publics, disait Coquille, le droit de chacun est d'en user tellement que l'usage des autres n'en soit pas empêché. » — A défaut même de ces puissants motifs de décision, l'article 645 offrirait dans le recours au pouvoir discrétionnaire des tribunaux un remède efficace contre les abus de jouissance du propriétaire supérieur. (Cassation 4 et 17 décembre 1861.)

L'application d'une culture différente aux terres riveraines d'un cours d'eau, si on les suppose réunies dans les mains d'un seul propriétaire, ne détruit évidemment aucun des avantages attachés à la qualité de riverain des deux côtés. L'article 644 ne laisse-t-il pas ce propriétaire libre ou non de faire participer telle ou telle partie de son héritage aux bienfaits de l'irrigation? Qui pourrait se plaindre de ce qu'au lieu d'en avoir fait une prairie, il a mis sa terre en labour? Ce ne serait que dans l'hypothèse inverse qu'une réclamation de cette nature trouverait une apparence de justesse.

Passant à l'examen des devoirs communs à celui qui est propriétaire sur les deux rives et à celui dont le fonds ne touche le cours d'eau que d'un seul côté, nous rencontrons tout d'abord la règle du respect pour le droit d'autrui, c'est-à-dire la défense de causer un dommage injuste aux coriverains. L'article 1382 et l'article 645 suffisent donc, à défaut de règlements administratifs, pour réprimer toutes entreprises qui feraient refluer les eaux sur les fonds voisins ou en occasionnerait l'infiltration dans ces mêmes fonds. — L'altération ou la corruption des eaux seraient pareillement une question de fait dont les tribunaux pourraient être saisis; et ils trouveraient dans la possession établie, dans les usages, dans le volume des eaux, leur destination et mille autres circonstances, les éléments de leurs décisions [1]. — Nul doute que les règlements de l'administration émanés de son droit incontesté de surintendance et de police devront être tout d'abord et rigoureusement observés. Mais, en dehors même des cas que prévoient ces règlements, les principes du droit civil interdisent à tous riverains de modifier l'écoulement naturel des eaux au détriment d'une propriété quelconque ou d'une usine régulièrement établie; de faire, par exemple, des retenues d'eau qui rendraient le cours d'une rivière intermittent au préjudice d'une usine située en aval, ou des ouvrages qui feraient refluer l'eau

[1] Bordeaux, 12 avril 1848.

sous les roues d'une usine située en amont. — Bien plus, en supposant que des arrêtés administratifs eussent autorisé l'établissement des réservoirs ou des barrages qui produisent ces effets préjudiciables, le recours aux tribunaux resterait ouvert à la victime du dommage pour obtenir une indemnité.

Déjà nous avons constaté que vis-à-vis de l'administration seule, mais vis-à-vis d'elle tout au moins, une usine ou autre établissement de ce genre n'a point d'existence légale s'il n'a reçu d'elle une sorte d'investiture dans l'autorisation préalable. On aurait pu, jusqu'au décret du 25 mars 1852, douter que cette même investiture fût nécessaire pour les ouvrages indispensables à l'exercice du droit d'irrigation, tels que saignées, rigoles, barrages; car l'article 644 ne peut conférer directement le droit d'irrigation sans fournir les moyens d'exécution qui doivent le rendre efficace. Mais le principe d'intervention de l'autorité réglementaire, principe à la fois salutaire et redoutable, en vertu duquel l'administration supprime tous ouvrages qu'elle juge nuisibles, conduisait à lui confier la décision préventive, à statuer que nulle entreprise ne serait faite sans son aveu. Généralisant donc l'application et sanctionnant la jurisprudence déjà fermement établie du Conseil d'État, le décret de décentralisation de 1852 (Tableau D, n° 2 et 3) décida que du préfet relèveraient « toute autorisation sur les cours d'eau non navigables ni flottables de tout établissement nouveau, tel que moulin, usine, barrage, prise d'eau d'irrigation, patouillet, bocard, lavoir à mine — régularisation de l'existence des dits établissements, lorsqu'ils ne sont pas encore pourvus d'autorisation régulière, ou modification des règlements déjà existants. » — Si donc l'on suppose que l'administration a rendu, dans les limites de ses attributions, et en respectant les droits privés que la loi consacre au profit des riverains, des règlements sur les ouvrages d'irrigation qui nous occupent; assurément le juge civil saisi d'une réclamation rencontrera dans l'article 645 lui-même l'obligation de faire respecter les prescriptions de l'autorité administrative.

Les droits respectifs que l'article 644 confère aux riverains d'un cours d'eau sont-ils susceptibles de modification par l'effet de la convention?

Il ne nous paraît point douteux que pour ceux qui auraient consenti des arrangements et pour leurs ayant-cause, la convention ait force de loi aux termes de l'article 1134 du Code Napoléon : et les ayant-cause à titre particulier n'échappent pas plus que les autres à l'obligation contractée par leur auteur. — C'est un principe que déjà il a fallu implicitement reconnaître pour arriver à décider qu'un riverain pouvait transmettre au propriétaire d'un fonds non riverain la quantité d'eau dont il lui était permis de disposer pour son propre héritage. — La seule objection sérieuse qui puisse être faite à cette solution, consiste à dire que le droit d'usage accordé par l'article 644 s'applique directement et exclusivement au fonds riverain ; qu'il est qualifié par la loi de servitude dérivant de la situation des lieux, de servitude naturelle, et que par conséquent il ne peut être déplacé ni modifié dans son application. On peut répondre que ce droit d'usage, fût-il une servitude foncière, n'est pas moins établi dans l'intérêt privé des riverains, et que chacun est libre d'engager son intérêt personnel, d'y renoncer même, dès que, ce faisant, il n'engage ni ne met en péril l'intérêt d'autrui. Personne, sans doute, ne conteste que la renonciation au droit d'irrigation ne puisse avoir lieu au profit des riverains inférieurs. Mais alors pourquoi n'admettre point la cession du même droit au profit d'une autre personne, dès qu'elle n'apporte aucun préjudice à la condition légale des autres riverains? — Nous n'examinons point la question au point de vue économique. Nous n'y rencontrerions cependant que des considérations favorables à notre solution. — Nous nous abstenons aussi de tirer argument de la loi du 29 avril 1845, qui rentre nécessairement dans notre système et présuppose, si on veut lui donner quelque portée, la solution que nous avons admise. Mais nous allons plus loin, et nous maintenant exclusivement au point de vue doctrinal et juridique, nous n'hésitons point à nous inscrire en faux contre le point de départ de la doctrine adverse. — Est-il vrai que le droit d'usage accordé au riverain constitue une servitude foncière naturelle ou autre?

Merlin et Toullier l'ont soutenu en se fondant principalement sur la place qu'occupe l'article 644. « C'est grever un propriétaire d'une servitude, dit Merlin, que de l'empêcher de faire sur son fonds ce qui lui est permis de droit naturel ; et cela est si vrai que les articles 676 à 679 du Code civil sont placés sous la rubrique des *servitudes* établies par la loi... » Parlant de la disposition qui nous occupe, il eût dit : cela est si vrai que les articles 644 et 645 sont placés sous la rubrique des *servitudes* dérivant de la situation des lieux... » — A cela il faut répondre que si nous trouvons cette disposition de la loi au titre des servitudes, c'est parce qu'elle est appelée à compléter le tableau des lois qui régissent la propriété foncière, c'est parce que ce droit d'usage ressemble beaucoup par son caractère de réalité aux charges qui grèvent les héritages sous le nom de servitudes. Mais ce n'est que pour une raison de commodité et afin d'offrir tout de suite un exposé complet de la propriété que le Code a adopté une classification contre laquelle Pothier avait déjà protesté. Commentant le titre XIII de la coutume d'Orléans, le savant jurisconsulte écrivait qu'il y était question « non-seulement des servitudes qu'un héritage peut devoir à l'héritage voisin, mais de plusieurs autres matières qui *concernent le voisinage...* », ajoutant que plusieurs articles du titre étaient *étrangers et déplacés*. Pothier classait encore, dans ses appendices au contrat de société, parmi les obligations résultant du quasi-contrat, celles de recovoir les eaux découlant du fonds supérieur, de contribuer au bornage, de céder la mitoyenneté, toutes obligations que notre Code qualifie en général de servitudes dérivant de la situation des lieux ou de la loi. Chez les Romains aussi (loi IX, § 5 *de operis novi nunciatione* Dig.), on distinguait la servitus *impositilia* de la servitus *naturalis* aut *publica*, pour ne reconnaitre qu'à la première le caractère d'une vraie servitude donnent lieu aux actions confessoire ou négatoire. — C'est qu'en effet partant de ce principe que la servitude est une diminution de droit, une dérogation à la loi générale qui régit la propriété ; si cette loi générale (art. 544 C. N.) assujettit en France *toute propriété* à certaines restrictions, on ne peut plus voir de servitude là où la restriction n'est autre que la règle imposée par le droit commun. C'est aux restrictions mêmes qu'elle subit que la propriété est redevable d'une liberté réglée, égale et réciproque qui lui permet d'exister, en sorte que l'on arrive à cette conclusion qui n'a du paradoxe que l'apparence, à savoir que la liberté est dans la restriction. Cela s'explique par ce fait que la restriction est réciproque. C'est la réciprocité qui empêche un fonds d'être assujetti à l'autre : elle fait que si au point de vue d'un droit naturel imaginaire, un héritage subit une diminution dans ses attributs, cette diminution ne profite point à l'héritage voisin, et qu'il faut en dire autant de celui-ci à l'égard de celui-là. — Nous ne trouvons donc point dans la situation respective que la loi a faite aux riverains d'un cours d'eau le caractère essentiel de la servitude, l'assujettissement d'une propriété à une autre propriété, nous ne trouvons ni fonds servant ni fonds dominant. Nous sommes donc autorisé à dire que l'article 644, en réglementant l'usage de l'eau courante, réglemente non point une servitude, mais une faculté légale, un attribut de la propriété riveraine susceptible des mêmes modifications que la propriété en général par l'effet de la convention.

On ne peut néanmoins déclarer la convention dont il s'agit obligatoire pour les contractants et opposable à tous les riverains sans ajouter, « en tant qu'elle ne restreint point les avantages qu'eux-mêmes tiennent de la loi » ; c'est-à-dire que la convention ne leur est opposable que dans la mesure des droits que le concédant pouvait exercer légalement. — Ainsi le cessionnaire ne pourrait, en prétextant que la nature ou l'étendue de son fonds nécessite l'emploi d'un volume d'eau supérieur à celui qui aurait suffi au fonds du cédant, établir une prise d'eau plus considérable, ou prétendre à un flottage de plus longue durée. Cela ressort avec la dernière évidence de la maxime « nemo plus juris... » et constitue un tempérament qui doit faire accepter sans hésitation la solution donnée plus haut.

La transmissibilité du droit aux eaux d'irrigation par l'effet des conventions mène forcément à l'aliénabilité du même droit par l'effet de la prescription. En cherchant tout à l'heure à fixer le caractère légal du droit que confère l'article 644 aux riverains d'un cours d'eau, il nous a paru établi qu'il constitue une simple faculté légale. Il rentre donc dans la catégorie de ces actes dont l'article 2232 C. N. dit : « Qu'ils ne peuvent fonder ni possession ni prescription. » — Dumoulin, sur l'article premier de la Coutume de Paris, en indique pareillement l'effet dans les termes suivants : « In actibus qui dependent a libera facultate unius qui potest facere, vel non, et certum modum servare, vel non, abstinentia vel observantia certi vel determinati modi, quantacumque diurna, non censetur implicare contrarium usum, nec inducit desuetudinem, nec præscriptionem ad alium modum utendi. » — Voisin d'une rivière, soit par caprice, soit parce que vous y trouvez intérêt, il vous plait pendant cinquante ans de ne point convertir en prairie votre terre qui est en labour, de ne point profiter par conséquent de l'eau d'irrigation. Parce que vous avez voulu que votre droit restât pendant cinquante ans lettre morte, êtes-vous déchu de la faculté de le mettre en exercice aujourd'hui? Aucunement. — Mais pendant tout ce temps, vos riverains ont attiré toute l'eau sur leurs héritages ; ils en ont usé avec moins de mesure qu'ils n'auraient fait si vous aviez exercé votre droit? — Qu'importe? Ils ont profité; mais vous n'avez rien perdu. Vous n'avez subi aucune diminution dans votre jouissance, dans l'utilité qu'il vous a plu de retirer de votre fonds. — Mais ils ont fait des travaux afin de s'approprier tout l'usage des eaux d'irrigation, des barrages, des fossés, des rigoles ? Qu'importe encore, si d'ailleurs ces ouvrages ne devaient point vous mettre dans l'impossibilité d'exercer votre droit. Personne, suivant l'heureuse expression d'un auteur, n'est venu s'interposer entre la loi et vous : votre possession de liberté n'a point été intervertie. « En effet, dit cet auteur, M. Demolombe, l'acte de pure faculté est celui que je puis exercer par un simple fait, sans le recours d'une action contre un tiers ; car il suppose essentiellement que je ne suis pas en rapport avec un tiers ; à ce point que l'on pourrait tout simplement expliquer la maxime que les simples facultés sont imprescriptibles en disant que l'on ne peut pas prescrire contre soi-même [1]. » — Mais de ce que le caractère purement facultatif du droit d'irrigation ne l'empêche pas de faire l'objet d'une renonciation conventionnelle, il faut conclure qu'il ne l'empêche pas davantage de faire l'objet d'une prescription acquisitive au profit d'un coriverain. Et cette prescription résultera d'une contradiction formelle de la part d'un coriverain, contradiction suffisante pour mettre celui à qui compète le droit en demeure de le faire valoir, contradiction enfin suivie du non-usage et de l'inaction de ce dernier pendant trente ans.

On trouvera une contradiction formelle et suffisante dans l'établissement de travaux permanents dont

[1] Cassation, 11 mai 1868.

l'apparence, d'ailleurs, ne laissera aucun doute sur la volonté de celui qui les aura faits. Ce sera, par exemple, un fossé, une écluse, un barrage, dont l'aménagement aura rendu matériellement impossible au riverain d'un cours d'eau l'exercice de son droit [1]. — N'est-il pas naturel, si le droit à l'eau d'une source peut s'acquérir par prescription à l'encontre du propriétaire de la source au moyen de travaux apparents, d'admettre une prescription analogue à l'encontre d'une personne qui a sur l'eau, non point un droit de propriété, mais un simple droit d'usage? — L'article 642 C. N. offre donc en la matière un argument *a fortiori* d'une valeur irrécusable; et, quel que soit, à propos des eaux de source, l'avis auquel on se range pour la détermination du fonds où devront être établis les travaux apparents; il suffit, suivant nous, dans le cas qui nous occupe, que les ouvrages aient été établis par le riverain sur son propre fonds. — La sphère limitée de l'article 642, le caractère exceptionnel de sa décision, son incertitude même, sont autant de motifs pour suivre les données du droit commun et ne point transporter en notre matière des difficultés de controverse devenues proverbiales. (Pau, 27 mai 1861.)

S'il est démontré que la contradiction de fait qui se perpétue peut fonder une prescription acquisitive du droit d'irrigation, est-il aussi certain qu'une con-

[1] (Cassation, 23 novembre 1858.)

tradiction dénuée de ce caractère de perpétuité, mais devant laquelle s'arrêterait pendant trente ans le riverain à qui on l'oppose, aurait le même effet ? Y a-t-il là interversion de titre analogue à celle de l'art. 2238 C. N., et suffisante pour fonder la prescription ?

Après avoir rapporté les paroles de Despeisses (sur les *Contrats*, partie IV), « Les choses qui consistent en pure faculté peuvent être prescrites, lorsqu'il y a eu prohibition de les faire, et que déférant à cette prohibition on ne s'est pas servi de la faculté pendant trente ans, » M. Daviel décide « que la prohibition peut résulter d'une défense extrajudiciaire notifiée par le voisin ; et que par exemple si un propriétaire riverain d'un cours d'eau se préparant à convertir son champ labourable en prairie creusait une rigole pour l'arroser, et que le propriétaire d'une autre prairie ou d'une usine inférieure lui fit défense de continuer ce travail, il s'exposerait à voir périr par la prescription son droit de pure faculté, en s'arrêtant devant une pareille défense, parce qu'à partir de ce moment le non-usage de son droit semblerait un acquiescement à la prétention contraire de son voisin. » Tout en admettant qu'il y a eu de la part du voisin intention clairement manifestée de faire obstacle à l'exercice du droit d'irrigation, nous n'oserions voir un acquiescement péremptoire dans le non-usage du droit par le riverain, et les juges devraient, à notre avis, se montrer très-rigoureux pour la preuve de déchéance. — En pareil cas, donc, une simple protestation en réponse à la notification arrêtera cette déchéance, et l'examen des faits qui ont motivé le silence ou l'abstention de celui dont le droit est méconnu ou contredit devra dans nombre de cas amener le même résultat ; car si « jura vigilantibus prosunt, malitiis etiam non est indulgendum ; » et l'on sait que le dégoût de la chicane peut arrêter de justes prétentions qui, pour n'être point formulées dans des actes ministériels, n'en sont pas moins sérieuses et moins fondées. — Il y aura, en tous cas, à examiner si c'est véritablement l'acte judiciaire ou extrajudiciaire de contradiction qui a décidé le silence ou l'inaction du riverain, ou si ce sont d'autres considérations qui l'ont guidé.

Toutes les fois que, sous les conditions qui viennent d'être indiquées, la prescription peut avoir lieu au profit de riverains, il faut admettre qu'elle peut tout aussi bien s'accomplir au profit de tiers non riverains. Cela résulte de ce que ces derniers peuvent comme les riverains du cours d'eau devenir par l'effet d'une convention cessionnaires du droit d'irrigation ; et cette conséquence est commandée par la loi du 29 avril 1845 (Cassation, 15 février 1860).

Il est également reconnu qu'en présence d'un règlement fait par l'administration pour la jouissance des eaux, les riverains peuvent par des conventions particulières modifier entre eux la répartition et le mode de jouissance prescrits toutes les fois que ces arrangements ne portent atteinte ni aux droits des tiers ni à l'intérêt général. — Le principe admis, il suffit de reproduire le raisonnement « que là où s'applique la convention, là aussi et avec le même effet s'applique la prescription » ; et l'on arrive directement à cette conséquence « que l'on peut prescrire une jouissance contraire aux règlements administratifs. (Grenoble, 17 août 1842.) »

Évidemment, les mêmes réserves quant à l'intérêt général et quant aux droits des tiers trouvent ici leur place (Cassation, 2 mars 1868). Il faut aussi que les actes qui fondent cette prescription offrent tous les caractères de certitude énumérés plus haut; c'est-à-dire que non seulement ils aient eu lieu contrairement aux règlements, mais qu'ils aient encore constitué à l'encontre des riverains une contradiction telle que l'exercice de leur faculté d'usage était rendu impossible, ou que la possession de cette faculté se trouvait intervertie.— Dire que l'existence du règlement est une protestation permanente au profit de chacun des riverains, c'est se payer des mots et se montrer inconséquent avec soi-même. Dès que l'on admet qu'une convention expresse ou un abandon formel peut modifier la jouissance réglée par l'administration, on ne peut admettre qu'une convention expresse soit plus à l'abri de l'illégalité qu'une convention tacite. Elles doivent toutes deux ou valoir ou tomber devant la loi.

Des modifications qui peuvent résulter de la convention et de la prescription il est bon peut-être de rapprocher les effets de la destination du père de famille. Nous n'en dirons qu'un mot pour compléter notre théorie, car les aliénations ou partages donnent lieu surtout à de pures questions d'interprétation de volonté. — Quels droits l'aliénateur a-t-il entendu transmettre ou réserver? Quelles ont été les intentions du testateur ? Dans quelles conditions ou sous quelles réserves le partage de succession ou autre a-t-il eu lieu ? Autant de questions de fait à élucider pour établir les droits respectifs des parties. — Quant aux tiers, ils doivent être complétement désintéressés dans des actes qui leur sont étrangers. Ces actes, en droit, ne peuvent ni leur nuire ni les avantager. Le disposant n'a pu transmettre des droits plus étendus que ceux qu'il possédait lui-même, et d'un autre côté la division de la propriété riveraine a pu être faite de manière à faire participer toutes les parcelles aux avantages de l'irrigation. Nous avons d'ailleurs établi plus haut (pages 77, 78) que la réserve expresse dans l'acte de disposition, comme aussi le signe matériel et apparent du maintien de l'état de choses antérieur, formaient des conditions dépendantes et inséparables de la division, qu'en cette qualité la réserve avait force de loi entre les propriétaires des parcelles détachées et était en même temps opposable aux coriverains. — Et à l'inverse, l'examen des actes, l'inspection des lieux pourront conduire à d'autres conclusions dont l'effet en pareil cas se concentrera entre les nouveaux propriétaires. Mais, nous le répétons, rien n'est changé au fond du droit dans les rapports de la propriété démembrée avec les propriétés riveraines ; et peut-être avons-nous déjà donné à une question toute de fait plus de développements qu'elle ne comporte.

Le commentaire de l'article 644 nous a fixé sur les droits et obligations des riverains d'un cours d'eau non navigable. Celui de l'article 645 précisera l'autorité et les moyens sanctionnateurs de ces droits et obligations.

§ III. — *Organisation de la compétence en matière d'irrigations. — Art. 645, C. N.*

L'organisation pratique de la faculté d'irrigation à été confiée à une double autorité dont l'une représente d'une façon plus directe l'intérêt privé : c'est l'autorité judiciaire. L'autre, c'est-à-dire l'autorité administrative, est investie d'une mission de surveillance, de police, de prévoyance tutélaire, en vue de l'intérêt général, de la salubrité publique et du développement de la richesse nationale[1]. — Les lois spéciales indiquées plus haut (page 61) sont le fondement de ce pouvoir de surintendance de l'État, en même temps que l'article 645 C. N. consacre la compétence des tribunaux civils. — Il importe essentiellement que les deux pouvoirs se prêtent un mutuel appui. De leur accord résulteront pour les particuliers la sécurité et le bien-être, comme de leurs

[1] (Arrêts du Conseil d'État : 13 mars 1867, aff. d'Estampes, 28 février 1867, aff. Laforgue).

conflits, de leurs empiètements réciproques surgiront pour les justiciables les dommages les plus sérieux, et à l'essor de l'industrie les plus fâcheuses entraves.

L'usage des eaux courantes, nous ne saurions trop le répéter, est pour les riverains non pas une concession gracieuse, arbitraire, de l'administration ; c'est une faculté, un droit qui a son fondement dans la loi civile. C'est un attribut de la propriété, une qualité du fonds riverain. — Toutes les fois donc que l'existence, l'étendue, le mode d'exercice même de ce droit deviendra l'objet d'un litige entre prétendants, le débat relèvera exclusivement de l'autorité judiciaire, s'il n'engage d'ailleurs aucune question de police des eaux. On sait combien sont fréquentes les discussions de cette espèce. Elles sont d'ailleurs le résultat presque nécessaire de l'indivision, cet état de choses dont la loi facilite autant qu'elle peut la cessation, mais que la nécessité l'oblige ici de maintenir (Cassation, 15 février 1860).

L'attribution de juridiction aux tribunaux civils est donc toute naturelle. Elle s'impose à eux dans les termes des articles 4 et 5 du Code Napoléon, en sorte que saisis d'une demande de la nature que nous venons d'indiquer, les juges ne pourraient se refuser à dire droit entre les parties en prétextant la nécessité d'un examen préalable par l'autorité administrative [1]. Sans aucun doute ils ne peuvent non plus prononcer

[1] (Cassation, 14 et 17 décembre 1861.)

par voie de disposition réglementaire dans les contestations qui leur sont soumises. A l'autorité administrative seule, et dans les limites de sa compétence, il appartient d'édicter des mesures générales par la voie des décrets et arrêtés.

L'article 645 par ces mots : « s'il s'élève une contestation entre les propriétaires auxquels ces eaux peuvent être utiles » nous indique encore qu'en cette matière comme en toute autre, les tribunaux ne doivent rendre de décision que s'ils sont provoqués par la demande des parties intéressées, demande faite soit au possessoire soit au pétitoire. — Le jugement à intervenir sur une demande au pétitoire peut et doit même régler le mode de jouissance entre les parties si le réglement se trouve être le seul moyen de mettre un terme au débat. — Les mêmes juges peuvent, en dehors d'une contestation véritable, être saisis d'une demande en règlement d'eau entre co-usagers. Il intervient alors un jugement d'expédient, véritabl partage judiciaire de la jouissance indivise.

Si les tribunaux ne peuvent se dispenser de dire droit entre les parties contendantes, leurs décisions ne peuvent non plus atteindre des droits qui n'ont pas été mis en cause : et il y aurait de leur part excès de pouvoir à réglementer la jouissance de personnes étrangères au procès [1]. — Mais, pour vider le différend des parties en cause, il leur appartient de pres-

[1] (Cass., 25 novembre 1857.)

crire toutes les mesures d'instruction qu'ils jugent nécessaires, des expertises par exemple en vue de la détermination exacte du volume de l'eau et de sa juste répartition, sans qu'ils aient à se préoccuper des droits et intérêts des autres riverains étrangers à l'instance engagée.

En formulant le principe général qui doit servir de ligne de conduite aux tribunaux dans les procès entre co-usagers des eaux courantes, à savoir la conciliation de l'intérêt de l'agriculture avec le respect dû à la propriété, le législateur a donné une preuve de sa haute confiance dans l'impartialité et la sagesse des magistrats civils. C'est un véritable pouvoir discrétionnaire qu'il leur a confié. A la fin de l'art. 645 cependant, vient le tempérament, la restriction; «Dans tous les cas, les règlements particuliers et locaux sur le cours et l'usage des eaux doivent être observés.» Il n'y a donc lieu pour les juges d'organiser un mode de jouissance que si les intéressés n'en ont déterminé aucun par leurs conventions ou s'il n'existe aucun règlement local émané d'une autorité compétente, ou présumé tel. — Il est en effet juste et nécessaire que ces règlements particuliers ou arrangements privés aient force de loi pour les riverains entre lesquels ils sont intervenus, et nous avons établi plus haut que sous la réserve des droits des tiers et de la juridiction de police de l'administration, les riverains ont la pleine disposition de leurs droits d'usage sur les eaux. — Par voie de conséquence, il faut encore admettre ici, à l'égal du respect dû par les magistrats aux conventions privées, le respect des droits acquis par la prescription et le maintien dans les rapports des ayants-causé d'un auteur commun, de cette convention tacite qui s'appelle la destination du père de famille.

Que faut-il entendre par *les règles locales* dont l'art. 645 prescrit aux tribunaux l'exacte observation? Sans aucun doute il s'agit ici des règlements établis par l'autorité administrative pour toute l'étendue ou pour une portion notable d'un cours d'eau [1]. Dès que ces règlements anciens ou nouveaux émanent d'une autorité investie du pouvoir de police ou de juridiction, dès qu'ils n'ont point été abrogés par des lois subséquentes, dès qu'ils constituent non point des jugements sur contestations privées ou de simples autorisations, mais des dispositions d'intérêt général, c'est un devoir pour les juges de s'y conformer, et s'il y a doute sur l'interprétation de ces actes, de renvoyer les parties à se pourvoir devant l'administration [2]. — D'ailleurs nous ne refusons pas le caractère de règlements locaux aux anciens usages constants et reconnus, mais non écrits ; « confugiendum enim ad vetustatem, vel ad consuetudinem, vel tantum ad testes (Pecchius, lib. I, cap. v, quest. 1, n° 7.) » En pareil cas l'existence du règlement est présumée.

Indépendamment du respect dû aux arrangements

[1] (Cassation, 22 janvier 1858.)

[2] (Cassation, 24 août 1852) et (Conseil d'État 1er septembre 1858).

particuliers et aux règlements locaux, l'article 645 impose aux juges l'obligation morale de concilier l'intérêt de l'agriculture avec le respect dû à la propriété. A eux donc d'apprécier dans leurs consciences si les eaux peuvent être utiles au réclamant, et dans quelle mesure. A eux d'aviser aux moyens les plus sûrs et les plus efficaces pour arriver à une équitable répartition. A eux d'assurer à l'agriculture la protection et les encouragements dont le législateur voudrait la voir soutenue : mais à eux aussi de protéger la propriété, et non-seulement la propriété territoriale, mais encore la propriété industrielle, le droit de l'usinier. Il n'est point un élément de la propriété qui doive être sacrifié. Il n'est aucun de ses attributs qui ne doive arriver à son rang dans l'exacte distribution de la justice.

Si étendu que soit le pouvoir discrétionnaire confié aux magistrats par l'article 645, il ne faut pas oublier que l'article 644 doit leur servir de guide dans l'attribution qu'ils font aux riverains de leurs droits respectifs ; et que la violation des règles de fond contenues en ce dernier article donnerait parfaitement lieu devant la Cour suprême à cassation des jugements qui y contreviendraient.

Les riverains d'un cours d'eau principal peuvent-ils être admis à faire régler judiciairement l'usage des eaux à l'encontre des propriétaires riverains d'un affluent qui alimente ce cours d'eau comme il seraient admis à le faire à l'encontre des riverains du cours d'eau principal lui-même? La Cour de cassation (3 décembre 1845) s'est prononcée en faveur de l'affirmative et sa décision se justifie très-bien. Qui veut la fin doit vouloir les moyens. La loi n'a pu accorder des droits d'usage aux riverains d'une eau courante sans leur garantir les moyens d'utiliser cette faculté, et le but serait manqué si les affluents qui constituent le cours d'eau principal ne pouvaient devenir l'objet d'une réglementation entre les propriétaires des fonds qu'ils bordent et traversent et les propriétaires des fonds où coulent leurs eaux réunies.

Le caractère de généralité qui sert de signe distinctif à ces règlements locaux dont l'observation est imposée aux magistrats, ne se rencontre point dans les autorisations administratives, sortes de concessions ou mieux encore de permissions accordées à tels ou tels riverains pour établir dans leur intérêt privé des ouvrages spéciaux sur un cours d'eau, usines, barrages, etc. D'après les arrêts les plus récents du Conseil d'État (21 juin 1866 aff. Oudéa, et 9 janvier 1867 aff. Goldenberg), l'administration en statuant sur les demandes en autorisation d'usines sur des fleuves non navigables, pourrait y insérer la clause qu'aucune indemnité ne sera due si la jouissance est restreinte ou anéantie par l'effet de mesures de police : mais elle ne pourrait y insérer la clause qu'aucune indemnité ne sera due si la jouissance est retirée aux permissionnaires par suite de mesures que l'administration jugerait à propos de prendre dans l'intérêt de la navigation, du commerce ou de l'industrie. — D'autre part, pareille clause ne fait pas obstacle à ce que les permissionnaires fassent valoir leurs droits à une indemnité à raison de chômages éprouvés par suite de prises d'eau destinées à l'alimentation d'un canal. — Ces autorisations réservent nécessairement les droits des tiers, car il n'appartient pas à l'administration de disposer de ces droits. Dès lors, la réserve ne fût-elle point formulée dans l'acte de concession, ce ne serait pas moins un devoir pour les tribunaux de sauvegarder par leurs décisions l'intérêt privé mis en péril [1]. Leur pouvoir même ne s'arrête point à une condamnation en des dommages-intérêts. Il va jusqu'à la destruction des ouvrages autorisés.

Si nous avons restreint la compétence des tribunaux civils aux contestations des riverains sur leurs intérêts privés, c'est qu'il faut uniquement baser leur intervention sur la mission qu'ils ont reçue de faire respecter la propriété dans ses moindres attributs; c'est que les tribunaux jugent et ne gouvernent point. A l'autorité administrative au contraire, à l'État et à ses délégués, est réservée une mission, sinon plus élevée, au moins plus complexe, une mission d'où dérive une grave responsabilité. Le rôle de l'État est de veiller à l'intérêt collectif des nationaux, à la prospérité des industries; de prévenir les causes d'in-

1 Arrêt du Conseil d'État du 30 avril 1867, aff. Clerc.

salubrité, d'empêcher les désastres des inondations etc., de gouverner en un mot. C'est donc à l'autorité administrative qu'appartient la police générale des cours d'eau. Elle agit toutes les fois que son intervention peut être utile ou nécessaire, sans avoir besoin d'être provoquée par les réclamations des particuliers. Cette intervention se manifeste par des mesures qui atteignent à la fois tout une collection d'intérêts [1]. Un arrêt du Conseil d'État du 21 mai 1867 (aff. Desfriches) décide que, lorsqu'en prescrivant l'abaissement de la retenue d'une usine, un préfet n'agit pas dans un intérêt de police et d'utilité générale, il excède ses pouvoirs. Déjà, le 20 juillet 1860, le Conseil d'État avait statué que le préfet ne peut non plus, sans excéder ses pouvoirs, faire, sur la demande de *quelques* usiniers, une répartition des eaux et restreindre les heures d'arrosage d'une manière contraire aux anciens usages locaux. — La loi-instruction des 12–20 août 1790 a confié à l'administration la charge de diriger les eaux vers un but d'utilité générale d'après les principes de l'irrigation. En pareil cas l'administration agit au nom de l'intérêt commun. Ses prescriptions sont la plus haute expression du droit de la société elle-même. Il n'existe plus d'arrangements particuliers, plus de règlements ou d'usages locaux qui puissent paralyser le nouveau règlement de police et d'intérêt public. — Sans

[1] Cassation, 22 janvier 1858.

doute l'administration doit autant que possible prendre pour règle de ses actes la conciliation des intérêts divers que recommande l'article 645, et mettre le moins possible ses prescriptions en opposition avec les droits acquis. Mais comme le règlement nouveau a véritablement force de loi, il abroge l'ancien en tout ce qui pourrait contrarier ses dispositions, et les titres privés ne continuent de produire entre les parties que ceux de leurs effets qui sont compatibles avec les dispositions nouvelles (Cassation 3 août 1863).

Quelle ligne de conduite devra suivre le juge civil en présence d'un règlement administratif qui, au lieu de régler l'usage du droit établi au profit du riverain par l'article 644, irait jusqu'à supprimer ce droit? Devra-t-il faire prévaloir l'article 644 sur un règlement qui est en contradiction manifeste avec la loi? L'arrêt de la Cour de Paris du 8 août 1836 qui avait admis l'affirmative a été cassé sur ce motif que l'article 645 oblige toujours et dans tous les cas les tribunaux à assurer l'exécution des règlements administratifs, et que le respect du principe de la séparation des pouvoirs exige cette solution (Cassation, 9 mai 1843). Un pareil conflit entre la loi et le règlement administratif est très-regrettable : mais, quoiqu'il en soit, la doctrine de la Cour de cassation nous paraît justifiée par les termes formels de l'article 645.

§ 1. *De la servitude de passage des eaux pour l'irrigation. — Loi du 29 avril* 1845.

En 1845, devant l'insuffisance reconnue des dispositions du Code Napoléon sur le régime des eaux, la nécessité de mettre notre législation au niveau des améliorations introduites chez la plupart des peuples voisins, notamment en Sardaigne, en Prusse, en Lombardie et dans le Wurtemberg, le législateur se vit dans l'impossibilité de retarder plus longtemps un essai de réforme. Il avait compris que la prospérité de l'agriculture en France dépendait en grande partie de l'amélioration des prairies et par conséquent d'un bon système d'irrigation. Le premier rapport de M. Dalloz au Corps législatif nous révèle cette préoccupation : « L'abondance des troupeaux, y est-il dit, le développement de la race chevaline, et par suite l'accroissement des engrais et le bon marché des matières animales sont subordonnés à l'étendue et à la fertilité des prairies, et la prospérité de ces prairies dépend à son tour de la facilité des irrigations. »

Pour arriver à un résultat satisfaisant, ainsi que nous le disions au début de ce travail, une révision complète de la matière eût été nécessaire. Il eût fallu trancher toutes les controverses qui l'obscurcissent et surtout la question de propriété des petits cours d'eau. En espérant que le Code rural viendra bientôt combler les vœux déçus en 1845, en 1847 et en 1865, nous n'avons pas moins à constater que le législateur de 1845 a été d'une extrême timidité, qu'il a craint d'innover par suite peut-être d'un respect exagéré pour le Code Napoléon, peut-être parce qu'il se réservait de reprendre prochainement l'étude de ces questions d'une façon plus large et plus complète.

La loi du 29 avril 1845 que ses rédacteurs ont décorée du titre pompeux de *Loi des irrigations*, alors que, suivant M. Daviel, le titre modeste de *Loi sur la conduite des eaux en cas d'enclave* lui eût si bien convenu, renferme deux dispositions principales. — La première a eu pour but de permettre aux propriétaires d'étendre le bienfait de l'irrigation à des terres qui n'y pouvaient prétendre en vertu de la législation antérieure. Ainsi s'est trouvée constituée la servitude d'aqueduc. — La seconde disposition a eu pour but, suivant l'expression de M. Passy à la Chambre des pairs, « de rendre à la culture des terrains submergés, en même temps que d'assainir le sol et de tarir ainsi dans leur source des maladies et des souffrances sous le poids desquelles succombaient annuellement de malheureuses populations. » — C'est encore une servitude d'aqueduc qui se trouve ainsi constituée, mais non plus pour les eaux d'irrigation. Elle est destinée à faciliter l'écoulement des eaux nuisibles, et à ce titre elle ne se rattache que d'une façon indirecte à notre sujet.

I. La servitude d'aqueduc pour les eaux d'irrigation est réglementée par les articles 1 et 2 de la loi.

Art. 1. — « Tout propriétaire qui voudra se servir pour l'irrigation de ses propriétés des eaux naturelles ou artificielles dont il a le droit de disposer, pourra obtenir le passage de ces eaux sur les fonds intermédiaires, à la charge d'une juste et préalable indemnité. — Sont exceptés de cette servitude les maisons, cours, jardins, parcs et enclos attenant aux habitations. »

Mais il faut ménager à l'eau qui est venue féconder le sol un débouché, une sortie à travers les fonds inférieurs ; et c'est à cette nécessité pratique que pourvoit l'article 2 en ces termes :

Art. 2. — « Les propriétaires des fonds inférieurs devront recevoir les eaux qui s'écouleront des terrains ainsi arrosés, sauf l'indemnité qui pourra leur être due. — Sont également exceptés de cette servitude les maisons, cours, jardins, parcs et enclos attenant aux habitations. »

D'où l'on voit que la servitude est en quelque sorte double. — Elle atteint d'abord les fonds intermédiaires à travers lesquels l'eau sera conduite au fonds que l'on veut arroser, et ensuite les fonds inférieurs à travers lesquels elle s'écoulera après l'arrosement.

M. Demolombe fait remarquer que le principe de cette disposition se trouve dans un édit de 1547, et que Bretonnier l'avait déjà appelée une servitude naturelle, « attendu que sans irrigation les prés demequreraient stériles. » — La loi elle-même qualifie servitude l'obligation de livrer un passage aux eaux d'irrigation ou aux eaux nuisibles. Il en résulte que le propriétaire qui a besoin du passage des eaux ne peut provoquer l'expropriation du terrain sur lequel elles passeront, non plus que le propriétaire de ce terrain ne peut exiger l'achat de tout ou partie de son fonds. Précisément une proposition de M. d'Angeville avait visé à introduire en pareil cas la faculté d'expropriation. Mais elle fut rejetée sur ce motif qu'un particulier ne peut dans son intérêt privé provoquer une expropriation, et que c'est une mesure réservée aux seules nécessités publiques dûment constatées. — Il n'est pas moins vrai cependant que si l'intérêt général était en jeu, si par exemple toute une association de propriétaires, avait besoin d'un passage d'une étendue considérable pour arriver à fertiliser de vastes terrains, il pourrait y avoir lieu à expropriation suivant les formes prescrites par la loi du 3 mai 1841.

Il importe de remarquer que la loi réserve l'application de la servitude à l'irrigation ; « pour l'irrigation de ses propriétés », porte l'article premier. Le passage ne pourrait donc être réclamé en vue de l'établissement d'une usine, du creusement d'un étang, d'un vivier, ni pour aucun autre usage d'utilité privée ou d'agrément. — La servitude d'aqueduc a un objet spécial et limité, la fertilisation du sol (Cassation, 29 juin 1859).

Une fois la servitude obtenue et utilisée suivant cette destination, il se peut que les eaux amenées sur le fond se prêtent, sans aggravation de charges pour le voisin, à un emploi accessoire. Telle serait par exemple la mise en mouvement d'une usine bâtie près du canal de dérivation sur le fonds même de celui qui exerce la servitude. Nous admettons cette extension d'usage toutes les fois que, d'une part, le vœu de la loi a été satisfait par l'emploi principal de l'eau à l'irrigation, et que, d'autre part, l'emploi fait accessoirement n'aggrave en rien la servitude au préjudice des fonds servants, que les eaux par exemple n'y reflueront point d'une façon nuisible et ne nécessiteront point sur ces fonds l'établissement d'ouvrages de défense. — Le bénéfice de la loi s'étend en outre à toutes sortes d'héritages, quel que soit le mode d'exploitation suivi. Il suffit qu'ils puissent tirer de l'irrigation quelque effet salutaire [1].

Au propriétaire, et au propriétaire seul, appartient, aux termes de l'article premier, le droit de demander la dérivation de l'eau sur son fonds à travers les propriétés intermédiaires. « Nous pensons, dit M. Garnier (pag. 16 de son *Commentaire de la loi de* 1845), que la loi refuse en général ce droit au fermier, au colon, à l'usager, même à l'usufruitier, et que les tribunaux ne pourraient accueillir la demande qui serait formée par ces divers particuliers sans

[1] Même arrêt de Cassation du 29 juin 1853.

la participation du propriétaire ; ils sont obligés de jouir de la chose dans l'état où elle est. Le propriétaire pourrait bien, d'ailleurs, vouloir exiger le rétablissement de l'ancien état à la fin de leur jouissance, et le possesseur du fonds assujetti ne peut être soumis à toutes ces vicissitudes, à tous ces changements qui pourraient devenir fréquents et trop préjudiciables. Quand la loi autorise une innovation, c'est avec le caractère de fixité et de durée attaché à l'établissement d'une servitude. » — Le Code sarde ne s'est point arrêté devant ces scrupules, et on est enclin à le féliciter de l'appui que prête son article 427 au développement de l'industrie agricole. — Sur ce point même il est permis de faire des réserves. Il existe entre le fermier et le propriétaire une telle solidarité d'intérêts qu'il n'est guère croyable que le transport de prérogative compense par ses résultats économiques l'atteinte portée au droit incontestable du propriétaire et les vicissitudes imposées au fond assujetti. — Quant à l'opinion de M. Garnier, elle nous paraît à son tour susceptible de critique, défectueuse même, en ce qui concerne l'usufruitier. Il doit, selon nous, être assimilé au propriétaire, parce que dans une certaine mesure il est lui-même propriétaire: parce qu'il a une jouissance propre qui l'habilite à agir en son nom personnel. Joignez à cela qu'entre lui et le propriétaire n'existe point cette solidarité d'intérêts qui lie le fermier au bailleur, et qu'entre eux on rencontre plutôt l'indifférence, sinon l'animosité. La jouissance de l'usufruitier ne sera donc sauvegardée que si on lui confie personnellement l'exercice de son droit.

On a pu faire de très-justes rapprochements entre la servitude établie par la loi de 1845 et la servitude établie par l'art. 682 C. N., entre la servitude d'aqueduc et la servitude de passage pour cause d'enclave; mais encore entre l'art. 1er de la loi de 1845 et l'art. 682 faut-il noter une différence de rédaction qui a son importance. — « Tout propriétaire enclavé peut réclamer, » dit l'art. 682. — « Tout propriétaire qui voudra se servir des eaux pourra obtenir, » dit l'art. 1er. — L'un consacre un droit que les tribunaux *doivent* admettre dès que l'enclave est justifiée. L'autre laisse au pouvoir discrétionnaire des magistrats le soin d'accorder ou de refuser le passage demandé. Ils verront si la demande est fondée sur un intérêt vraiment sérieux, s'il y a convenance ou utilité à y faire droit.

A cette règle que, de par l'autorité des tribunaux civils, tous fonds intermédiaires non compris dans l'énumération du second alinéa de l'art. 1er peuvent être assujettis à la servitude d'aqueduc, il faut faire une exception pour les fonds qui ne sont point dans le commerce, par exemple pour les rues et places publiques, pour les routes impériales ou départementales, pour les chemins vicinaux. — Seule, l'autorité administrative peut autoriser en pareil cas l'établissement d'aqueducs en indiquant les conditions auxquelles elle entend subordonner ses concessions. Il lui appartiendra donc de fixer la nature et le mode des travaux, et, dès que nous admettons qu'elle est maîtresse d'accorder ou de refuser le passage, nous ne pouvons lui dénier compétence en ce qui touche la liquidation de l'indemnité.

Est-il nécessaire de dire que l'obtention du droit d'aqueduc emporte virtuellement le passage sur les bords du canal afin de surveiller le cours de l'eau, comme la faculté d'y déposer les vases provenant du curage et les matériaux nécessaires à l'entretien du canal. Les choses se passent dans cette hypothèse comme au cas où le droit d'aqueduc aurait été concédé par convention et où les parties n'auraient point prévu les éventualités dont s'agit. La prudence d'ailleurs commande aux tribunaux de déterminer l'étendue de ces facultés accessoires et de proportionner l'indemnité au dommage qui résultera pour le fonds servant de l'établissement du passage.

L'article premier de la loi du 29 avril 1845 ne fait aucune distinction quant à la provenance des eaux pour lesquelles est établie la servitude d'aqueduc. Peu importe qu'il s'agisse d'eaux vives ou mortes, d'eaux stagnantes ou courantes, d'eaux naturelles ou artificielles. Eaux pluviales, eaux de sources, eaux dérivées de cours d'eau navigables ou de cours d'eau non navigables, l'origine est indifférente[1]. Il suffit

[1] Cassation, 9 février 1857. — Colmar, 3 février 1863, et Bordeaux, 1 août 1864.

que celui qui en demande le passage ait le droit d'en disposer. Et ici même on ne recherche point en vertu de quelle cause ce droit existe à son profit, ni de quelle manière il a été acquis. — Le législateur de 1845, très-timide dans son innovation, ne redoutait rien tant que le soupçon de vouloir apporter quelque modification au droit préexistant. La discussion de la loi nous offre à chaque pas des protestations qui témoignent de ces appréhensions. On a soin de déclarer « que la proposition respecte profondément toutes les règles du droit civil qui déterminent les limites dans lesquelles un propriétaire peut disposer de ses eaux » — « que la commission n'a ni directement ni indirectement porté la plus légère atteinte aux règles du droit civil sur le régime des eaux. Tout ce qu'elle a fait, c'est de proposer une servitude de passage pour le volume d'eau dont on a droit de disposer d'après les principes des lois existantes. » Quoi de plus formel que ces expressions du rapport même de M. Dalloz ? « La commission a commencé par poser en principe que son travail n'aurait pour objet que la servitude légale d'aqueduc, sans toucher en aucune manière à la législation existante sur la propriété, l'usage et le partage des eaux entre les riverains. » — L'intention des législateurs nous est clairement révélée. Mais voyons si, en fait et contre leur gré, il n'est point résulté de leur travail quelque modification aux principes déposés dans les articles 644 et 645 du Code Napoléon.

Le rapporteur de la loi au Corps législatif établit que l'on peut disposer des eaux à trois titres différents : comme propriétaire, comme concessionnaire et comme usager.

Pour les eaux dont on est propriétaire, eaux de sources, de lacs, d'étangs, de puits artésiens, eaux pluviales qu'on s'est appropriées par droit d'occupation, il n'est point douteux qu'elles puissent faire l'objet d'une servitude d'aqueduc. De quoi peut-on disposer à meilleur titre que de sa chose, de sa propriété ? S'agit-il d'eaux de sources, on a le spectacle d'un fonds deux fois dominant, dominant au point de vue de la servitude de l'article 640 C. N., dominant encore au point de vue de la loi de 1845, qui paie au fonds doublement servant une indemnité pour le passage d'eaux que celui-ci était obligé de recevoir. Cela offre quelque singularité, si l'on songe qu'il dépendait du propriétaire supérieur de priver le propriétaire inférieur de l'usage de l'eau alors qu'elle lui était très-avantageuse, et de le forcer à la recevoir alors qu'elle lui était très-préjudiciable. Mais l'indemnité a son explication et le propriétaire supérieur qui la paie trouve son dédommagement dans la prohibition pour le propriétaire inférieur de se servir désormais de l'eau qui traverse son fonds. Aux termes des articles 640 et suivants, cet usage lui était permis tant qu'il recevait l'eau par l'effet de la servitude dérivant de la situation naturelle des lieux.

Pour les eaux dont on est concessionnaire, la question de servitude d'aqueduc ne présente non plus aucune difficulté. Que l'on suppose une concession de prise d'eau faite par l'administration, suivant les formes habituelles, au riverain d'un cours d'eau navigable ; le concessionnaire agira en propriétaire du volume d'eau qu'il est autorisé à dériver, qualité que lui a véritablement conférée la convention. Et il faut en dire autant du riverain d'un canal, d'un étang, qui aurait obtenu la concession d'une prise d'eau du propriétaire de ce canal, de cet étang. Ces différents concessionnaires sont fondés à réclamer la servitude de passage des eaux sur les propriétés intermédiaires pour l'irrigation de leurs fonds.

Mais que décider quand le prétendant à la servitude d'aqueduc n'est qu'un simple usager des eaux ? Sous cette dénomination de simples usagers, à tort ou à raison, on comprend les propriétaires riverains des cours d'eaux non navigables ni flottables. Il peut répugner à ceux qui comme nous admettent la propriété des riverains sur les petites rivières, de les qualifier simples usagers de l'eau. Nous les appellerions plus volontiers des propriétaires à droits restreints. Mais en fin de compte, pour ne point nous arrêter à une discussion de mots, nous acceptons cette dénomination d'ailleurs conforme aux termes employés par l'article 644 « peut s'en servir... peut même en user... » En dépit donc de toute controverse littérale, un certain droit de disposition des eaux n'est pas moins reconnu d'une façon incontestable aux riverains. Ce droit de disposition est-il suffisant pour qu'ils puissent réclamer le passage sur les fonds intermédiaires afin de conduire les eaux sur d'autres fonds non riverains qui leur appartiennent? En nous déclarant (pages 75 et 97) pour la cessibilité des droits d'irrigation par un propriétaire riverain à un non riverain comme nous nous étions déjà déclaré (page 73) pour l'extension aux terres non riveraines du bénéfice d'irrigation, nous avons implicitement et par avance reconnu le bien-fondé de cette réclamation. Qu'il nous suffise d'ajouter ici aux motifs développés plus haut, que, malgré les protestations réitérées du législateur de n'apporter aucune innovation aux lois existantes, si le principe par nous admis « que l'irrigation n'est pas nécessairement limitée aux héritages riverains » eût été sujet à controverse, le texte de l'article premier de la loi de 1845 eut suffi pour l'affirmer. Quoi ? le législateur de 1845, si désireux de propager l'irrigation, n'aurait pas songé, au cas d'application de beaucoup le plus fréquent, à l'usage des eaux de rivières non navigables ! Et en disant : «tout propriétaire qui voudra se servir des eaux naturelles dont il a le droit de disposer, » il n'aurait pas eu en vue le riverain des petits cours d'eau ! Mais c'est de lui qu'il s'est occupé surtout. Il faut bien le reconnaître en présence du rejet de la proposition de M. Bethmont, proposition consistant à substituer les mots « dont il a la propriété, » à ceux-ci : « dont il a le droit de disposer ». — Voudrait-on alors que le législateur se fût occupé de lui pour ne lui rien accorder? C'est cependant la solution à laquelle on arrive si on lui refuse le bénéfice de la servitude d'aqueduc sous ce prétexte que les législateurs de 1845 ont formellement déclaré qu'ils ne voulaient rien changer aux lois existantes. — Nous maintenons donc qu'avant la loi de 1845 cette proposition : « l'irrigation n'est pas nécessairement limitée aux héritages riverains, » était vraie. Nous disons avec MM. Devilleneuve et Carette que depuis cette loi elle ne fait plus question, et nous arrivons ainsi à son corollaire direct, l'établissement de la servitude d'aqueduc au profit du riverain pour amener l'eau sur les terres non riveraines qui lui appartiennent.

A cette preuve tirée du rapprochement de l'article premier de la loi de 1845 et de l'art. 644 C. N., nous n'ajoutons point les discussions préparatoires et les déclarations formelles de M. Dalloz, rapporteur devant la Chambre des Députés. Le texte et l'esprit de la loi ont une valeur bien autre que les opinions personnelles émises par ses rédacteurs. Le respect même du texte nous oblige à apporter à l'obtention de la servitude d'acqueduc cette condition que le bénéficiaire ne pourra transmettre à ses héritages non riverains que la quantité d'eau dont les règlements existants ou les besoins de son fonds riverain lui permettent de faire emploi, « dont il a le droit de disposer » porte l'article premier de la loi de 1845. Encore admettrions-nous en pareil cas les accroissements que le juge trouverait équitables suivant l'esprit de l'article 645 C. N. [1].

Le propriétaire non riverain, cessionnaire du droit aux eaux d'irrigation qui appartenait au riverain, peut-il demander le passage des eaux aux propriétaires des fonds intermédiaires? — La jurisprudence et la doctrine ont sur cette question des opinions très-partagées. C'est ainsi que dans le sens de l'affirmative on trouve un arrêt de la Cour d'Agen du 7 février 1856, un arrêt de la Cour de Nîmes du 6 décembre 1852, et enfin un arrêt de Cassation du 9 février 1851; dans le sens de la négative, un arrêt de la Cour de Montpellier du 17 février 1852. La négative est défendue par MM. de Parieu, Duvergier, Devilleneuve et Carette, Ducaurroy, Bonnier et Roustain. L'affirmative au contraire est soutenue par MM. Garnier, Daviel, Demante, Demolombe, Aubry et Rau. — Après avoir établi (pages 75 et 97) la validité de la cession, il nous est impossible de reculer ici devant sa conséquence et devant l'application rigoureuse des termes de la loi de 1845, article premier. « Tout propriétaire, y lisons-nous, qui voudra se servir pour l'irrigation de ses propriétés des eaux naturelles ou artificielles dont il a le droit de disposer, pourra obtenir le passage de ces eaux sur les fonds intermédiaires, à la charge d'une juste et préalable indemnité. » On n'exige donc point la qualité de riverain, et

1 Cassation, 8 novembre 1854, et Colmar, 7 avril 1861.

nous ne voyons point pourquoi l'interprète se montrerait plus timide que le législateur dans l'extension d'une disposition reconnue très-heureuse et très-utile. « Ce droit de disposer » dont il est question dans le même article, nous avons démontré qu'il appartient très-légitimement au cessionnaire mis aux lieu et place du cédant. Le cessionnaire non riverain, pour dériver l'eau sur son fonds, a donc aussi le droit de demander le passage aux propriétés intermédiaires. — Ici encore nous n'admettons au bénéfice de la loi de 1845 le propriétaire non riverain qui s'est fait concéder une prise d'eau que dans les limites où le riverain qui fait la concession aurait pu lui-même transmettre les eaux à un fonds non riverain dont il aurait eu la propriété. — Nous n'avons point fait intervenir en cette question, comme éléments de controverse, les opinions émises à l'occasion de l'amendement de M. Pascalis dans l'élaboration de la loi du 11 juillet 1847. La plus grande confusion régna dans cette discussion, et chaque système peut y puiser des arguments capables de contrebalancer ceux de son adversaire.

Le propriétaire non riverain à qui l'administration a concédé une prise d'eau dans une rivière navigable peut-il se fonder sur la loi de 1845 pour obtenir le passage des eaux à travers les fonds qui le séparent de la rivière?

Un lien très-étroit rattache cette question à celle de savoir si le riverain d'une rivière non navigable qui ne peut lever l'eau sur son propre fonds a le droit de demander l'établissement d'une prise d'eau et le passage sur un fonds supérieur ne lui appartenant pas.

Daviel enseigne que la loi est muette sur ce point, mais que son esprit est favorable au riverain ; que par suite elle l'autorise à établir sa prise d'eau sur le fonds riverain supérieur en forçant le propriétaire de ce fonds à fournir passage aux eaux dérivées. — On comprend que se plaçant dans cet ordre d'idées, on aboutisse en matière de cours d'eau navigables à reconnaitre au concessionnaire non riverain des prérogatives analogues, et telle est l'opinion qu'a soutenue M. de Parieu dans la *Revue de législation* (septembre 1845, pag. 27). — La jurisprudence et la majorité des auteurs se sont élevés contre la proposition qui sert de point de départ à cette doctrine, proposition véritablement exorbitante en même temps que contraire au texte de la loi. Peut-on admettre en présence de l'article 644 C. N., que le riverain ait le droit de disposer de l'eau autrement qu'à son passage ou dans le parcours que suit la rivière sur son fonds? Peut-on admettre qu'il puisse lever l'eau vis-à-vis du fonds supérieur ? Évidemment non. Et l'on admettra encore moins qu'il puisse non-seulement imposer à ce fonds supérieur une servitude d'aqueduc, mais encore aggraver cette servitude par l'adjonction d'une autre servitude encore plus onéreuse, laquelle consisterait dans la souffrance d'une prise d'eau et de travaux nécessaires à son établissement. — M. Garnier, dans son commentaire de la loi de 1847, page 5, arrive à cette conclusion : « celui, dit-il, qui par les circonstances de localité ne peut prendre les eaux à leur passage le long de sa rive, ne pourrait faire de prise d'eau et de barrages sur d'autres propriétés riveraines qui ne lui appartiendraient pas, à moins que les propriétaires n'y consentissent. » Se sont aussi prononcés en ce sens MM. Demolombe, Aubry et Rau, Perrin et Rendu, Devilleneuve et Carette. (*It.* Montpellier, 17 février 1852, Angers, 7 décembre 1853). — Mais les motifs qui ont dicté cette décision ne se rencontrent plus quand le propriétaire riverain ne pouvant, à raison de l'escarpement des bords, pratiquer la prise d'eau nécessaire à son irrigation, il l'établit sur une terre riveraine située en amont qui lui appartient ou sur laquelle le propriétaire a librement consenti l'installation de la prise d'eau. La loi de 1845 aura donc là sa légitime application [1].

Nous reportant maintenant à la question de savoir si le propriétaire non riverain à qui l'administration, conformément aux articles 9 et 10 de l'arrêté du 19 ventôse an VI, a concédé une prise d'eau sur une rivière navigable, peut invoquer la loi de 1845 pour obtenir judiciairement le passage des eaux à travers les fonds qui le séparent de la rivière : nous nous

[1] Cassation, 14 mars 1849. — 21 novembre 1861.

trouvons guidé par le raisonnement d'où a été déduite la solution qui précède, et la négative se trouve confirmée par la considération suivante. — On sait que les barrages et autres ouvrages d'art interceptant l'eau sont les moyens d'exercer utilement la prise d'eau et l'irrigation. Or la loi du 11 juillet 1847, dont l'application s'étend aussi bien aux rivières du domaine public qu'aux rivières non navigables, décide que les barrages ne pourront être appuyés que sur la propriété *du riverain opposé*. — Pour établir le barrage et lever l'eau il faut donc être soi-même riverain opposé, ou être aux droits de ce riverain par suite d'une concession émanant de sa libre volonté. — N'est-ce pas dire que la loi de 1847 repousse par son esprit et par son texte cette servitude additionnelle de prise d'eau que l'on voudrait introduire sous prétexte de favoriser le développement de l'industrie ? — Mais précisément dans la discussion de la loi de 1847 on voit percer la crainte que l'administration ne concède trop facilement des prises d'eau aux propriétaires non riverains des cours d'eau du domaine public, et cela au détriment des propriétaires riverains. Des réclamations assez vives même s'élevèrent contre cette possibilité de concessions abusives, et elles influencèrent nécessairement les rédacteurs de la loi.

La servitude d'aqueduc est sans contredit toute passive pour le fonds servant, en ce sens que celui qui l'exerce doit pourvoir aux frais de son établissement et à son entretien. Mais elle l'est encore en ce sens moins juridique qu'elle n'apporte aucun émolument au propriétaire du fonds servant. — Assurément on ne peut refuser à celui-ci l'exercice de certaines facultés naturelles, telles que puiser de l'eau au canal de dérivation, y abreuver des bestiaux, etc.; encore doit-il s'abstenir de rien faire qui trouble l'usage de la servitude. — Il ne pourrait au contraire employer pour l'irrigation ou pour les besoins de son industrie l'excédant du volume d'eau que n'utiliserait pas le fonds dominant. Les contestations sans nombre auxquelles une faculté de ce genre aurait pu donner lieu ont fait rejeter une proposition tendant à ce résultat.

En présence des termes de l'article 2 de la loi de 1845, on ne peut guère soutenir qu'il y ait toujours lieu à indemnité au profit du propriétaire qui livre passage à l'eau à travers son fonds. Le dommage peut être si peu important qu'il ne donne point lieu à réparation. — A l'appui de cette proposition viennent les paroles du rapporteur de la loi devant l'Assemblée législative (*Moniteur* du 30 juin 1845), déclarant que l'indemnité ne sera due qu'autant que l'écoulement des eaux sera préjudiciable aux fonds servants. — Des mêmes termes de l'article 2 : « Sauf l'indemnité qui pourra être due », M. Demante tire cette conclusion, « que le fait d'écoulement des eaux sans accord ou jugement préalable pourrait n'être pas considéré comme un trouble à la possession des propriétaires inférieurs, mais comme l'usage légitime d'un droit ». L'indemnité n'étant qu'hypothétique, tandis que l'obligation pour le fonds inférieur de recevoir les eaux est imposée directement par la loi, il en résulte qu'on se trouve en présence d'un droit réel; d'une servitude fondée sur la loi et qui ne réclame l'intervention du magistrat que dans l'hypothèse d'une contestation. La contestation portera sur l'utilité ou l'opportunité de l'établissement de la servitude, sur le règlement de l'indemnité ; mais le pouvoir discrétionnaire du magistrat n'ira point au delà ; le reste est du domaine de la loi.

Mais alors, dans quelle classe de servitudes ranger la servitude d'aqueduc? Sera-ce parmi celles que le Code qualifie de servitudes dérivant de la situation naturelle des lieux, ou parmi celles qu'il qualifie de servitudes établies par la loi? — Sans entrer dans le détail théorique auquel peut donner lieu la classification adoptée par le Code pour les servitudes, nous nous permettrons de rappeler que des auteurs ont jugé à propos de corriger la loi et de confondre en une même catégorie les servitudes naturelles et les servitudes légales. D'autres ont nié la complète identité d'origine et trouvé à la distinction quelque utilité pratique. Les servitudes naturelles, suivant ces derniers, existent si bien par la force des choses, que la loi positive a dû les reconnaître plutôt que les imposer, et qu'on les retrouve dans tous les temps et dans tous les pays. Les servitudes légales sont une création plus directe du législateur qui a dû, pour les édicter, se faire juge de leur convenance et de leur utilité. Il en résulte qu'en général le magistrat aura un pouvoir d'interprétation plus large à l'égard des premières qu'à l'égard des secondes; et cette différence pratique vient elle-même de ce que dans le silence de la loi le magistrat aurait dû suppléer par une décision d'équité au texte absent. La diversité d'origine signalée fait encore que l'on ne doit pas s'étonner si les dispositions relatives aux servitudes naturelles ont été empruntées par le Code au Droit romain et si les dispositions relatives aux servitudes dites légales se rapprochent surtout des règles du droit coutumier. — En admettant ces données et ces distinctions, il semble plus rationnel de comprendre la servitude d'aqueduc parmi les servitudes légales que parmi les servitudes naturelles. D'abord elle présente la plus grande analogie avec la servitude établie par l'article 682 C. N. au chapitre des servitudes établies par la loi. — Elle est ensuite une exception à la règle posée dans l'article 640, règle d'après laquelle les fonds inférieurs ne sont soumis au passage de l'eau qu'autant qu'elle y découle naturellement et sans aucun travail de l'homme. Enfin, malgré l'opinion rappelée plus haut de Bretonnier, qui aurait volontiers fait une servitude naturelle dans la disposition dont s'agit sur ce motif « que sans irrigation les prés demeureraient stériles », il faut bien voir en elle une création de la loi nouvelle dont le législateur n'a reconnu que bien tard la nécessité pratique. Et nous n'avons pas besoin de dire que le magistrat, en présence de la législation antérieure, n'aurait pu, suppléant par l'équité au silence de la loi, faire droit à la prétention d'un riverain qui aurait demandé le passage de l'eau à travers les propriétés intermédiaires pour l'irrigation de sa propriété non-riveraine. — On voit dès lors que c'est au chapitre II du Titre des services fonciers que la servitude d'aqueduc créée par la loi de 1845 trouve sa place.

En même temps qu'il appartient aux tribunaux d'examiner si l'opération d'irrigation projetée offre un caractère sérieux d'utilité, et de ne la sanctionner que si les avantages compensent tout au moins les inconvénients, il rentre dans leur pouvoir discrétionnaire de déterminer le volume d'eau dont le passage sera imposé aux fonds intermédiaires. Les propriétaires mêmes de ces fonds ne pourraient, dans l'hypothèse où les riverains ne s'opposeraient point à la dérivation pratiquée par le bénéficiaire de la servitude d'aqueduc, se prévaloir des droits de ceux-ci pour faire réduire le volume de la prise d'eau et par suite la charge qui leur est imposée. — Le bénéficiaire de la servitude n'est-il point dans les termes de la loi ? De quelles eaux réclame-t-il le passage, sinon de celles dont il a le droit de disposer ? Il importe peu que ce droit se fonde sur la loi, sur l'autorisation expresse ou sur l'autorisation tacite résultant de l'inaction des coriverains.

Les tribunaux déterminent aussi les facultés accessoires et moyens d'exercice de la servitude en proportionnant l'indemnité aux charges dont sont grevés les fonds intermédiaires. Un arrêt récent de la Cour de Cassation (11 mai 1868) décide que « si en dehors de tout litige les particuliers qui veulent établir certains ouvrages sur des cours d'eau non navigables ni flottables, tels qu'un barrage ou une prise d'eau, doivent se pourvoir d'une autorisation administrative ; il appartient cependant aux tribunaux civils d'autoriser des travaux de ce genre, lorsqu'ils ne sont qu'un moyen d'assurer à l'une des parties l'exercice d'un droit d'irrigation qui lui est contesté par son adversaire, et lorsque d'ailleurs l'intérêt public n'est point engagé dans la question. » Le même arrêt décide encore « que ce droit qui résulte pour les tribunaux des articles 4 de la loi du 29 avril 1845 et 3 de la loi du 11 juillet 1847 n'a pas été modifié par l'article 4 du décret du 25 mars 1852. » — Aux termes de l'article 1er de la loi de 1845, l'indemnité fixée par les tribunaux doit être « juste et préalable, » c'est-à-dire que d'une part le bénéfice que pourra retirer de la servitude le propriétaire du fonds dominant ne devra être qu'une considération secondaire, que l'indemnité devra être proportionnée au dommage causé au propriétaire du fonds servant, et que d'autre part les travaux d'établissement de l'aqueduc devront être précédés, non-seulement de la liquidation, mais du paiement effectif de l'indemnité.

La servitude d'aqueduc subit-elle un dédoublement

tel qu'après avoir procuré l'irrigation aux fonds non-riverains, elle devienne une servitude d'une autre nature, une servitude d'écoulement. Nous n'osons sur ce point accepter l'affirmation de MM. Aubry et Rau. — Ils disent qu'à la différence de la servitude d'aqueduc dont l'établissement même est subordonné à l'appréciation du juge, la servitude d'écoulement des eaux d'irrigation existe de plein droit, et que le règlement seul en appartient aux tribunaux. — Nous comprenons que l'expression « servitude d'écoulement » s'applique aux eaux qui ont servi à l'irrigation avec plus de justesse que l'expression « servitude d'aqueduc », parce qu'une fois l'arrosement procuré, le but a été atteint, l'eau a été conduite à destination. Mais n'est-ce point se laisser abuser par les mots que devoir là deux servitudes distinctes ? N'est-il pas plus naturel de dire que ce sont deux phases diverses d'une même servitude ? A coup sûr la deuxième n'existe point sans la première, et il est bien rare que la première existe sans la seconde. Dès lors le juge saisi d'une demande en établissement de servitude d'aqueduc aura à tenir compte des inconvénients que pourra présenter l'écoulement des eaux après qu'elles auront servi à l'irrigation. Il devra même quelquefois s'arrêter devant la perspective de dommages que ne compenserait point l'utilité de l'aqueduc. On ne peut donc dire que la servitude d'écoulement des eaux qui ont servi à l'irrigation existe de plein droit et que les juges ne font que la réglementer.

Subordonnée à la servitude d'aqueduc dont elle est une portion intégrante plutôt qu'une dérivation, il faut voir en elle comme dans la servitude d'aqueduc proprement dite, non point une extension de la servitude naturelle établie par l'article 640 C. N., mais une servitude établie par la loi. — On en conclura que les fonds qui doivent la subir ne sont pas exclusivement ceux vers lesquels la pente du sol arrosé doit entraîner l'eau ; et que s'il en est ainsi le plus souvent, les tribunaux pourront cependant, en vertu même des dispositions de l'article 4 de la loi de 1845, fixer différemment le parcours de l'eau qui a servi à l'irrigation. Bien plus, si on se reporte à l'hypothèse qui a été principalement envisagée dans ce travail, celle du riverain d'un cours d'eau non navigable qui veut irriguer ses fonds non-riverains, il arrivera bien souvent que les juges devront grever de la servitude d'écoulement d'autres fonds que ceux auxquels se fût appliquée la servitude naturelle de l'article 640. Ils auront, en effet, à tenir compte de ce que ce propriétaire riverain n'est autorisé à faire de dérivation et ne peut disposer des eaux qu'en se conformant à la règle de l'article 644 C. N. qui l'oblige à les rendre à leur cours ordinaire. La généralité de l'article 2 de la loi de 1845 ne l'exempte point de cette obligation. — Si l'on suppose des obstacles naturels à peu près insurmontables qui empêchent le retour de l'eau, il arrivera trop souvent que le bénéfice de la loi de 1845 sera perdu pour le riverain. Ce sera le cas de dire : *dura lex*. Mais le droit de disposer des eaux est formellement soumis à cette condition par l'article 644 C. N., et nulle interprétation n'autorise à élargir ce texte.

La servitude d'écoulement des eaux d'irrigation, à raison même du caractère commun qui l'unit à la servitude d'aqueduc, n'appelle point d'explications plus étendues. — Toutes les observations faites sur l'article premier de la loi de 1845 trouvent naturellement leur place dans l'interprétation de l'article 2. — Nous ajouterons seulement à propos de l'un et de l'autre article que si de nouveaux dommages non prévus lors de l'établissement de la servitude et de la fixation de l'indemnité viennent à se révéler dans l'exercice même de la servitude, le propriétaire du fonds assujetti peut réclamer un supplément d'indemnité, obtenir même le déplacement de la servitude en prouvant que la modification doit diminuer considérablement le préjudice causé sans restreindre les avantages du fonds dominant.

II. La servitude d'écoulement des eaux nuisibles, comme celle d'écoulement des eaux provenant du drainage, est en réalité étrangère à la matière des irrigations. Elle a été introduite parmi les dispositions de la loi du 29 avril 1845 (art. 3), par un amendement improvisé lors de la discussion de cette loi devant la Chambre des députés. — Destinée à compléter, en vue de l'intérêt et de la salubrité publics, dans des proportions restreintes, mais par une procédure moins compliquée, la vaste entreprise à laquelle la loi du 16 septembre 1807 ne pouvait suffire dans le détail, la disposition contenue en l'article 3 de la loi de 1845 fut aussi le germe de la loi du 10 juin 1854 sur le drainage, et par suite l'une des innovations les plus heureuses et les plus fécondes pour le développement de l'industrie agricole.

« La même faculté de passage sur les fonds intermédiaires, porte l'article 3, pourra être accordée au propriétaire d'un terrain submergé, en tout ou en partie, à l'effet de procurer aux eaux nuisibles leur écoulement. » — Cet article est absolu : il ne fait aucune distinction quant à l'origine et à la nature des eaux qui couvrent le sol. — Si cependant la submersion était le résultat d'un travail volontaire du propriétaire, si elle provenait par exemple du forage d'un puits artésien, d'infiltrations causées par la retenue d'eau et la mise en activité d'une usine, il y aurait lieu de demander au pouvoir discrétionnaire des tribunaux un remède efficace contre les abus. — Le même article ne distingue pas davantage entre les diverses causes qui ont pu altérer la qualité de l'eau et en rendre la présence nuisible.

On en peut conclure avec M. Demante « que la faculté de passage pourrait être accordée pour des eaux plus ou moins corrompues par l'emploi qu'elles auraient reçu dans un établissement industriel. » Ici encore nous ferons la même restriction en faveur du pouvoir discrétionnaire des magistrats libres d'accorder ou de refuser le passage suivant les cas.

Bien que l'article 3 ne s'explique point sur la question, il n'est pas douteux que l'acquisition de la servitude d'écoulement des eaux nuisibles puisse et doive être le plus souvent subordonnée au paiement d'une juste et préalable indemnité. L'article 4 d'ailleurs tranche la question avec une netteté parfaite en déclarant d'une manière générale que les contestations auxquelles pourront donner lieu les indemnités dues seront portées devant les tribunaux. — Et quant à l'immunité de servitude dont jouissent, aux termes des articles 1 et 2, les maisons, cours, jardins, parcs et enclos, ces mots de l'article 3 « la même faculté de passage » en confirment l'application à la servitude d'écoulement des eaux nuisibles. Le bon sens indique d'ailleurs l'*a fortiori* sur lequel repose cette solution.

Dans l'article 3 de la loi de 1845, avons-nous dit, était déposé le germe de la loi du 10 juin 1854. « Cette loi, ainsi s'exprimait le rapporteur au Corps législatif, n'est que l'explication conforme aux idées de la Chambre de 1845, de l'article 3 de la loi ancienne. » Il suffit, pour s'en convaincre, de lire l'article premier de la loi sur le drainage. Art. 1. « Tout propriétaire qui veut assainir son fonds par le drainage ou un autre mode d'assèchement peut, moyennant une juste et préalable indemnité, en conduire les eaux souterrainement, ou à ciel ouvert, à travers les propriétés qui séparent ce fonds d'un cours d'eau, ou de tout autre voie d'écoulement. » Nous n'ajouterons à ce texte que de très-courtes réflexions.

Bien que dans la préparation ou la discussion de la loi ses rédacteurs aient manifesté une préoccupation constante et exclusive pour les améliorations agricoles, on remarque tout d'abord que la généralité des termes de l'article premier permet de réclamer le passage des eaux pour l'assainissement d'un fonds aussi bien en vue de l'exploitation agricole que de tout autre intérêt.

Des termes mêmes de l'article 1er « peut en conduire les eaux », il résulte que la servitude d'écoulement des eaux provenant du drainage existe de plein droit et que les tribunaux ne peuvent en refuser l'établissement.

Aux termes de l'article 2, une participation à l'utilité des travaux entrepris est accordée aux propriétaires des fonds traversés ou simplement voisins, à la condition de supporter dans une mesure proportionnelle les frais d'installation et d'entretien.

Aux termes de l'article 3, les associations de propriétaires formées en vue de travaux d'ensemble peuvent demander à être constituées en syndicats par arrêtés préfectoraux. Leurs travaux sont alors susceptibles d'être déclarés d'utilité publique comme ceux que voudraient exécuter des communes ou des départements ; et en pareil cas le règlement des indemnités réclamées a lieu suivant les formes indiquées par l'article 16 de la loi du 21 mai 1836 (art. 4 de la loi).

« En agriculture, disait M. Garreau, rapporteur de la loi au Corps législatif, il faut surtout que l'on puisse opérer promptement et économiquement. La justice des tribunaux de première instance et des cours d'appel est plus lente et plus coûteuse que celle des juges de paix par laquelle la loi nouvelle fait juger les contestations en premier ressort. » Ce sont ces considérations en effet qui ont déterminé le législateur à attribuer au juge de paix la connaissance des contestations auxquelles peuvent donner lieu l'établissement et l'exercice de la servitude de passage des eaux provenant du drainage. — Dans la discussion de la loi, deux amendements furent proposés dont le but était d'étendre cette compétence des juges de paix aux cas prévus par les lois du 29 avril 1845 et 11 juillet 1847. — Malgré les bons résultats qu'on eût pu attendre de cette interversion de juridiction, le Conseil d'État rejeta les amendements en se fondant principalement sur ce motif qu'une loi spéciale ne doit pas donner place à des modifications étrangères au sujet qu'elle réglemente.

En résumé, cette loi jugée le complément nécessaire de la législation de 1845 est venue en même temps, suivant l'expression de M. Bourguignat (*Guide légal du Draineur*) mettre l'article 640 C. N. en harmonie avec les besoins nouveaux et désormais constatés de l'industrie agricole. — C'est dans le but d'encourager les efforts de l'industrie et de réaliser dans la pratique les avantages que la loi nouvelle était destinée à procurer à la culture, que l'État, par la loi du 23 juillet 1856, affecta une somme de cent millions à des prêts qui devaient faciliter les opérations du drainage. Cette dernière loi détermine la manière dont les prêts seront effectués et remboursés, détails étrangers à notre sujet auquel nous avons hâte de revenir.

Des observations communes s'appliquent aux différentes servitudes, dont nous venons de nous occuper.

Les lois de 1845 et 1854 réservent dans tous les cas les droits supérieurs de l'administration en déclarant que leurs dispositions ne dérogent aucunement aux lois qui règlent la police des eaux. Nous rencontrerons la même déclaration dans la loi de 1847 constitutive de la servitude d'appui.

En second lieu, la servitude ne peut être établie que moyennant indemnité juste et préalable, telle qu'elle est imposée en matière d'expropriation pour cause d'utilité publique (Cassation, 14 décembre 1859).

Enfin le respect du domicile, son inviolabilité, la convenance qu'il y a à ne point détruire des travaux importants, comme les constructions, ou des aménagements dispendieux, ont fait exempter de la servitude d'aqueduc comme de toute servitude d'écoulement, les maisons, cours, jardins, parcs et enclos attenant aux habitations.

Faut-il réserver aux maisons d'habitation, ou faut-il étendre à tous bâtiments et constructions le mot *maisons*? Le doute pouvait s'expliquer avant la loi du 11 juillet 1847; mais cette loi a fait disparaître toute incertitude en employant elle-même la désignation générique de *bâtiments*. — Quant aux cours et jardins, la loi n'exigeant point qu'ils soient entourés de clôtures, il suffit qu'ils soient attenants aux habitations. — En parlant des parcs et des enclos, la loi ne s'explique point non plus sur les conditions de la clôture. Les magistrats doivent en pareil cas s'en rapporter aux circonstances de fait et à la pratique locale. Vouloir se guider d'après les définitions que donnent des lois spéciales n'aboutirait qu'à des complications sans nombre; et il est plus sûr de s'en référer aux usages locaux pour décider si le genre de clôture qui s'applique à ces héritages fait supposer qu'ils sont spécialement réservés au service ou à l'agrément des fonds auxquels ils attiennent.

Nous avons fait remarquer la modification de compétence introduite par la loi du 10 juin 1854. Quant aux servitudes établies par la loi de 1845, toutes contestations auxquelles elles peuvent donner lieu relèvent des tribunaux ordinaires et l'article 4 ajoute : qu'il sera procédé devant les tribunaux comme en matière sommaire; et que s'il y a lieu à expertise, il ne sera nommé qu'un seul expert. — Nous retrouverons la même disposition applicable à la servitude d'appui dont il nous reste à faire l'étude pour compléter notre aperçu sur la législation civile des Irrigations.

§ 5. — *De la servitude d'appui.*

Loi du 11 juillet 1847.

On n'avait point à discuter avant 1847 si le propriétaire du fonds traversé par un cours d'eau non navigable pouvait appuyer sur les deux rives son barrage d'irrigation. Tous ouvrages nécessaires à l'exercice de son droit lui étaient permis, dès qu'ils étaient conformes aux règlements de police et ne préjudiciaient point aux riverains inférieurs ou supérieurs. — Mais le propriétaire riverain d'un seul côté pouvait-il appuyer son barrage sur la rive opposée sans le consentement du propriétaire de cette rive? Là se heurtaient les opinions. Les partisans de l'affirmative, argumentant surtout de l'article 697 C. N., soutenaient que le droit d'appui était un accessoire obligé du droit d'irrigation. — Plus nombreux étaient les partisans de la négative, n'admettant de restrictions à la liberté du propriétaire qu'autant qu'elles étaient formulées par la loi.

Déjà en 1845 un membre de la Chambre des députés avait proposé d'introduire dans la loi des irrigations la servitude d'appui : mais sa motion avait été écartée sous prétexte que la question n'avait pas été soumise à la délibération des Conseils généraux. — L'article premier de la loi de 1847 comble la lacune signalée en donnant à celui qui a le droit de prise d'eau le moyen d'utiliser cette faculté par la construction d'un barrage qui, s'appuyant sur la rive opposée, interceptera l'eau, en élèvera le niveau et la fera pénétrer dans les canaux d'irrigation. « Tout propriétaire, y est-il dit, qui voudra se servir pour l'irrigation de ses propriétés des eaux naturelles ou artificielles dont il a le droit de disposer, pourra obtenir la faculté d'appuyer sur la propriété du riverain opposé les ouvrages d'art nécessaires à la prise d'eau, à la charge d'une juste et préalable indemnité. »

On est frappé de la ressemblance de rédaction qu'offre ce texte avec l'article premier de la loi de 1845. — Comme la servitude d'aqueduc, la servitude d'appui ne peut être réclamée que pour l'irrigation. Le législateur de 1847 comme celui de 1845 a délaissé les intérêts des propriétaires de moulins ou d'usines. — Comme la servitude d'aqueduc, la servitude d'appui ne peut être autorisée que moyennant juste et préalable indemnité. — Elle s'applique pareillement à toutes eaux naturelles ou artificielles, à quelque titre qu'on en puisse disposer, comme propriétaire, concessionnaire ou usager. Mais il est évident que le droit d'appui n'est véritablement pratique que sur les petits cours d'eau au profit des propriétaires qui y exercent le droit d'usage consacré par les articles 644 et 645 C. N. — La loi de 1847 ne se préoccupe point de la nature des propriétés. Elle ne fait aucune distinction entre les prairies, terres labourables, jardins, etc. Elle ne distingue point davantage entre les modes d'arrosage, admettant aussi bien l'établissement de la servitude en vue de l'arrosement à bras d'un jardin que pour une irrigation à grandes eaux par canaux, fossés et rigoles (Cassation, 20 décembre 1853).

En ce qui concerne l'établissement de cette servitude, les tribunaux jouissent encore d'un pouvoir discrétionnaire, faisant droit à la demande si elle repose sur un intérêt sérieux d'irrigation, la rejetant si elle doit causer aux propriétés voisines un préjudice que ne compenserait pas l'utilité de la servitude. — C'est bien en ce sens qu'une modification fut apportée à la rédaction proposée par MM. d'Angeville et de la Farelle : « Tout propriétaire qui voudra se servir.. pourra appuyer... etc. » La variante consiste dans l'adjonction de ces mots « (pourra) obtenir la faculté d'appuyer. » Et puisque le texte de l'article 3 se borne à établir la compétence des tribunaux, l'analogie qui existe entre la loi de 1847 et celle de 1845 ne permet point de douter que les tribunaux n'aient reçu en la matière un plein pouvoir du législateur.

Serait-il permis d'invoquer la même analogie pour décider que si parmi les propriétés immunes de la servitude d'appui le second alinéa de l'article 1er ne mentionne pas les parcs et enclos attenant aux habitations, c'est un pur oubli de rédaction? Non, car on a eu de justes raisons de croire que la servitude d'appui était bien moins gênante que la servitude d'aqueduc pour cette nature de propriétés. Une prohibition de ce genre formulée d'une manière générale a surtout paru inutile en présence du pouvoir discrétionnaire des tribunaux, lequel assure déjà une protection suffisante aux intérêts des particuliers.

L'article premier de la loi énonce bien que la servitude d'appui ne pourra être établie que moyennant une juste et préalable indemnité. Mais il ne dit point sur quoi les juges devront se baser pour le règlement de cette indemnité. — Devront-ils, comme l'entendait l'un des orateurs à la Chambre des députés, M. Levasseur, la subordonner à la hauteur des eaux, à la submersion qui en résultera pour les propriétés en amont, et au dommage qu'elles en éprouveront, c'est à dire aux dommages futurs et éventuels? Ou bien devront-ils baser l'indemnité en question sur le dommage actuel, direct et défini, résultant des travaux d'établissement du barrage et de l'occupation du terrain sur lequel ce barrage est appuyé? Nous croyons que cette dernière décision est la bonne, parce que l'effet doit être en corrélation avec la cause. Or, c'est la faculté d'appuyer des ouvrages sur la rive opposée qui donne lieu à indemnité. Ce n'est point la faculté d'inonder les champs latéraux ou supérieurs, ni de refouler le courant sur la rive opposée. — Si ces circonstances dommageables se présentent dans l'exercice de la servitude d'appui, il sera loisible à ceux qui en souffriront d'en demander la réparation. « Rien, dit M. Demolombe, ne serait plus contraire aux principes généraux du droit, ni plus rempli d'incertitudes, d'arbitraire ou plutôt d'impossibilités, que cette appréciation d'une indemnité pour des dommages incertains et éventuels! » Si d'ailleurs, on se reporte à la discussion de la loi, on voit que la thèse soutenue par l'honorable député fut complétement rejetée par la Chambre.

La réciprocité de droits qui existe entre deux riverains opposés peut donner lieu à réclamation à fin d'usage commun d'un barrage à établir ou déjà établi. — Cette double hypothèse est prévue par l'article 2 de notre loi.

Art. 2 : « Le riverain sur le fonds duquel l'appui sera réclamé pourra toujours demander l'usage commun du barrage en contribuant pour moitié aux frais d'établissement et d'entretien ; aucune indemnité ne sera respectivement due dans ce cas, et celle qui aura été payée devra être rendue. — Lorsque cet usage commun ne sera réclamé qu'après le commencement ou la confection des travaux, celui qui le demandera devra supporter seul l'excédant de dépense auquel donneront lieu les changements à faire au barrage pour le rendre propre à l'irrigation des deux rives. »

Le développement du texte et la clarté de sa rédaction dispensent de tout commentaire. Nous nous contenterons de faire remarquer que la première hypothèse est de beaucoup la plus pratique, et que le riverain opposé profitant indirectement de l'élévation de l'eau sans avoir besoin de faire acte de maître sur le barrage, se gardera le plus souvent d'acheter un droit qu'il peut exercer sans bourse délier. Aussi, tenant compte de cette sorte d'avance faite par le constructeur du barrage, le juge, en nombre de cas, sera enclin à restreindre le chiffre de l'indemnité due suivant l'article 1er pour l'établissement de la servitude d'appui. — Qui n'est frappé aussi en lisant le second paragraphe de l'article 2 de l'analogie que présente la faculté de réclamer l'usage commun du barrage avec la faculté d'acquérir la mitoyenneté reconnue par les articles 660 et 661 du Code Napoléon à tout propriétaire joignant un mur mitoyen ? C'est l'intérêt bien entendu des deux parties qui, dans les deux cas, provoque une pareille décision.

Par un arrêt du 20 décembre 1853, la Cour de Cassation a décidé que l'exemption de la servitude d'appui admise en faveur des cours et jardins attenant aux habitations par le deuxième alinéa de l'article 1er, cessait d'être applicable quand l'un des coriverains demandait à acquérir la mitoyenneté d'un barrage déjà établi. — La loi, dit la Cour de Cassation, se montre moins difficile pour un barrage déjà établi, parce qu'elle présume que sa création n'a pas été entièrement dénuée du consentement mutuel des deux propriétaires riverains actuels ou de leurs auteurs. — Ce motif, pour le moins aussi fin qu'il est sage et juridique, établit entre la première et la seconde hypothèse de l'article 2 une distinction à laquelle le législateur, à coup sûr, n'a jamais songé ; mais l'excellence du résultat couvre parfaitement l'habileté de l'interprétation.

Pour compléter l'étude de la loi de 1847, il n'est point hors de propos peut-être de revenir sur une question déjà touchée (page 135). — La loi de 1847, avons-nous dit, n'accorde le droit d'appui que sur la rive opposée à celle où se fait la prise d'eau, et non sur les deux rives ; en sorte que seuls, le riverain, ou celui qui est à ses droits, son concessionnaire, peuvent réclamer la servitude d'appui. — Dans la discussion de la loi, M. Pascalis avait proposé d'accorder le droit d'appui sur les deux rives. Il motivait son amendement sur cette considération qu'une concession de l'administration donnait droit de disposer des eaux des rivières sans qu'il fût nécessaire d'être riverain. — Cette allégation tout au moins contestable à l'égard des rivières du domaine public, même en présence des articles 9 et 10 de l'arrêté du 19 ventôse an VI, n'était nullement fondée quant aux rivières non navigables. Sur elles en effet l'administration n'a qu'un droit de police, de surveillance, tandis qu'aux riverains appartient ce droit d'usage que nous qualifions volontiers *propriété restreinte*. — La proposition de M. Pascalis combattue par le rapporteur fut rejetée comme n'offrant qu'un minime intérêt pratique après la déclaration faite par le ministre des Travaux publics. Celui-ci avait reconnu que jamais l'administration n'avait fait sur des rivières non navigables à des propriétaires non riverains des concessions de prise d'eau avec faculté d'établir des barrages. — Le rejet de l'amendement est donc concluant en faveur de la thèse que nous avons soutenue. Le rapport du prince de la Moskowa à la Chambre des Pairs le confirme encore ; car il va jusqu'à interpréter la loi de 1845 en ce sens que la faculté d'obtenir la prise et le passage de l'eau ne peut appartenir qu'au seul riverain. Il y a, suivant nous, dans cette dernière proposition une exagération inexplicable. — Nous avons établi que le droit aux eaux d'irrigation était susceptible de cession et que le cessionnaire avait le droit de disposer des eaux comme aurait pu le faire le cédant. Or quelle efficacité aurait une pareille cession, un pareil droit de disposition, si l'on interdisait les moyens indispensables à leur mise en œuvre, c'est-à-dire les droits de passage, de prise d'eau et de barrage? — Qu'exige la loi en matière de servitude d'aqueduc et de servitude d'appui? Que celui qui veut les exercer ait la faculté de disposer des eaux. Qu'il tienne cette faculté de sa qualité de riverain, ou qu'elle lui ait été transmise par un autre riverain, il la possède : que peut-on lui demander de plus?

Dans son commentaire de la loi du 11 juillet 1847 (page 8) M. Garnier déplore que la loi n'ait point autorisé le droit d'appui sur les deux rives. D'après lui cette restriction est une entrave aux améliorations que la loi de 1845 a voulu introduire dans la condition des héritages. « Ainsi, dit-il, que le propriétaire d'une usine, ayant un droit exclusif aux eaux d'un ruisseau, sans être propriétaire des rives; qu'un autre propriétaire ayant un simple droit de faire passer ses eaux sur le fonds d'autrui, sans avoir aucun droit au sol, consente à faire une concession de prise d'eau à des propriétaires non riverains, ceux-ci ne pourront donc fertiliser leurs fonds, faute de pouvoir appuyer leur barrage sur la rive où ils ont droit de faire la prise d'eau? Conçoit-on d'ailleurs qu'ils puissent obtenir des tribunaux l'autorisation d'appuyer un barrage sur la rive opposée et qu'ils n'aient pas le même droit sur la rive même qu'ils peuvent percer, pour procurer un passage aux eaux? » — Puis le savant auteur s'évertue à franchir l'obstacle légal. Au lieu de dire « le riverain, » la loi n'a-t-elle pas dit « tout propriétaire »? La seule condition pour obtenir le barrage n'est-elle pas de pouvoir disposer des eaux? N'y a-t-il pas un *a fortiori* pour autoriser celui qui lève l'eau à appuyer son barrage du côté où est sa prise d'eau? Les termes de la loi de 1845 et ceux de la loi de 1847 ne sont-ils pas identiques, et plutôt énonciatifs que limitatifs? N'a-t-on point pour garant contre les abus la sagesse des tribunaux? — Mais tous ces raisonnements excellents au point de vue d'une législation à faire ne sauraient prévaloir contre le rejet significatif de l'amendement de M. Portalis et la rédaction qui fut définitivement adoptée. — Nous acceptons, pour notre part, la loi telle qu'elle est, malgré toutes ses imperfections, désireux que nous sommes de trouver à notre tour indulgence et faveur auprès des juges de son interprétation.

DEUXIÈME PARTIE

Règles de droit administratif. — Associations syndicales de curage et d'irrigation.

§ 1er. — *Du curage.*

S'il convient de voir avec M. Christophle (t. I, p. 70, n° 85), dans la loi du 14 floréal an XI relative à l'organisation des travaux du curage dans les cours d'eau, la première consécration législative des associations syndicales, il importe de jeter un coup d'œil sur cette question. Elle se lie d'ailleurs naturellement à notre sujet, le curage étant l'accessoire le plus indispensable de l'irrigation.

Le curage des rivières navigables est à la charge de l'État. Il y pourvoit à titre d'unique et plein propriétaire dans sa complète liberté d'action, en sorte que nous ne rencontrons sur ce point aucune difficulté.

Le curage des rivières non navigables incombe en principe aux riverains et aux maîtres d'usines. C'est une charge imposée à leur jouissance des eaux. Mais on n'en peut laisser complétement la direction à l'initiative individuelle. « Le curage, lisons-nous au Répertoire de Dalloz (v° Eaux, n° 230), ne consiste pas seulement à ôter les vases et les accrues ; il faut encore que le lit du cours d'eau ne soit pas modifié de manière à changer le point d'eau nécessaire au mouvement des usines, ce qui arriverait évidemment si on creusait trop profondément dans le lit. Ainsi les usines et les prés sont exposés également à souffrir, soit par la négligence, soit par l'excès dans le curage ; il y a une ligne mathématique qu'il ne faut pas franchir ». On comprend dès lors que l'administration ayant le droit de faire des règlements pour répartir les eaux entre les ayants-droit puisse tout aussi bien, et même à plus forte raison, faire des règlements pour le curage ; car si l'irrigation a pour but d'améliorer les héritages, le curage, lui, a pour but de les conserver.

La base légale de l'intervention administrative en matière de curage se trouve d'abord dans la loi-instruction des 12-20 août 1790. — Elle charge les administrations de département de rechercher et indiquer les moyens de procurer le libre cours des eaux, et d'empêcher que les prairies ne soient submergées. — Puis vient la loi du 14 floréal an XI, texte fondamental de la matière :

Art. 1. — « Il sera pourvu au curage des canaux et rivières non navigables, et à l'entretien des digues et ouvrages d'art qui y correspondent, de la manière prescrite par les anciens règlements et usages locaux.

Art. 2. — Lorsque l'application des règlements ou l'exécution du mode consacré par l'usage éprouvera des difficultés, ou lorsque des changements survenus exigeront des dispositions nouvelles, il y sera pourvu par le gouvernement par un règlement d'administration publique, rendu sur la proposition du préfet du département, de manière que la quotité de la contribution de chaque imposé soit toujours relative au degré d'intérêt qu'il aura aux travaux qui devront s'effectuer.

Art. 3. — Les rôles de répartition des sommes nécessaires au paiement des travaux d'entretien, réparation ou reconstruction, seront dressés sous la surveillance du Préfet, rendus exécutoires par lui, et le recouvrement s'en opérera de la même manière que celui des contributions publiques.

Art. 4. — Toutes les contestations relatives au recouvrement de ces rôles, aux réclamations des individus imposés et à la confection des travaux, seront portées devant le conseil de préfecture, sauf le recours au gouvernement qui décidera en conseil d'État. »

Enfin, le décret du 25 mars 1852 non modifié sur ce point par celui du 13 avril 1861 mentionne au tableau D n° 5 parmi les attributions conférées directement au Préfet : « Les dispositions pour assurer le curage et le bon entretien des cours d'eau non navigables ni flottables, de la manière prescrite par les anciens règlements ou par les usages locaux, et la réunion, s'il y a lieu, des propriétaires intéressés en associations syndicales. »

De ce dernier texte, en conformité même avec la loi de 1790, dérive la compétence du Préfet en matière de curage. — Le curage a donc été l'un des objets sur lesquels a porté la mesure administrative dite décentralisation.

On a pu se demander si la législation de 1790-1791 et de l'an XI autorisait la formation de syndicats. MM. Serrigny, Dufour et Christophle ont conclu pour l'affirmative en raisonnant par analogie de ce que la loi du 16 septembre 1807 décidait la création de syndicats destinés à appliquer ses propres articles 33 et 34 relatifs à l'endiguement. — Rappelant les termes de l'article 3 de la loi de l'an XI, M. Dufour ajoute : « La réunion des intéressés en association syndicale est à la fois le système le plus simple et le plus sûr que l'administration puisse adopter. » Nous ajouterons : c'est ce système que l'administration a toujours adopté, en sorte qu'on n'a jamais sérieusement contesté la légalité des syndicats constitués avant 1852 par règlement d'administration publique lorsque les règlements ou usages anciens faisaient défaut, ou qu'il était nécessaire d'y apporter des changements.

Par l'expression « anciens règlements », nous entendons les arrêts du Conseil, des parlements ou des maîtrises, les ordonnances des assemblées d'État, des intendants, et les règles posées par les coutumes locales. Le Conseil d'État (ord. du 1er juillet 1840, aff. Raimbault) y avait d'abord compris les arrêtés préfectoraux antérieurs à la loi de floréal. — Un récent arrêt (26 août 1867, aff. Bardot) établit en sens contraire que sous l'empire des lois de 1790 et de l'arrêté du 19 ventôse an VI, c'était à l'autorité supérieure seule qu'appartenait le droit de réglementation. — Quant aux usages locaux, il faut se rappeler qu'ils consistent dans cette *diuturna consuetudo quæ pro jure et lege in his quæ non ex scripto descendunt observari solet*, c'est-à-dire qu'ils doivent être constants et reconnus à l'égal de la loi.

Sous l'empire de la législation de floréal an XI le rôle et la compétence du Préfet se bornent à l'application par lui prescrite des anciens usages et règlements dont il vient d'être parlé : mais s'il ne peut de son propre chef faire de réformes, rien ne l'empêche de les provoquer auprès de l'administration supérieure, celle-ci devant y pourvoir par règlement, s'il y a lieu. — Toutefois, le décret de 1852 n'a-t-il pas modifié sous ce rapport la loi de floréal ? — N'a-t-il pas conféré au Préfet le pouvoir de remplacer les anciens usages et règlements par un règlement nouveau ?

La circulaire du Ministre de l'Intérieur du 5 mai 1852 se prononce catégoriquement dans le sens de l'affirmative. Monsieur Dufour admet aussi cette opinion. — Il nous est impossible cependant d'admettre une pareille interprétation, disons mieux, une pareille addition à la loi, parceque la disposition du décret de 1852 renvoie directement à l'article premier de la loi de floréal, reconnaissant compétence au Préfet pour organiser d'office des syndicats lorsqu'il ne s'agit que d'appliquer au curage les anciens usages ou règlements. Nous y retrouvons les mêmes termes, les mêmes expressions. Ajoutons que l'innovation ne se présume point, et que les particuliers grevés de la charge du curage étant directement intéressés à ce que le contrôle soit très-sérieux trouvent une garantie plus complète dans le règlement du Conseil d'État que dans celui du Préfet (Arrêts du Conseil d'État — 12 juillet 1855, aff. Garnier, — 29 février 1860 aff. Courtois — 12 avril 1866 — 14 août 1867, aff. Rame).

Le même décret du 25 mars 1852 autorise-t-il le préfet à faire un règlement de curage et à constituer à cet effet une association syndicale, quand il n'existe aucun règlement ou usage local?

Des auteurs l'ont soutenu en faisant de l'autorité préfectorale une sorte d'autorité de droit commun. Nous répondrons que pas plus en ce cas que lorsqu'il s'agit de déroger à des usages ou à des règlements existants ou d'exécuter des élargissements ou redressements qui nécessitent au préalable une déclaration d'utilité publique, le préfet n'est compétent. — Nos motifs de solution sont les mêmes que tout à l'heure; et nous ajoutons que l'autorité de droit commun, celle à qui d'après la loi de floréal, art. 2, appartient le pouvoir d'innover est l'administration supérieure (Arrêt du Conseil d'État du 17 juillet 1867, aff. Lacarrière). — Le même principe a dicté les décisions du Conseil d'État du 13 août 1861 (aff. du syndicat de Malakoff) et du 25 avril 1867 (aff. d'Aubonne), décisions d'après lesquelles les Préfets n'ont, aux termes des décrets de 1852 et 1861, le droit de constituer en associations syndicales les propriétaires intéressés à l'exécution et à l'entretien des travaux de dessèchement que lorsque ces propriétaires sont d'accord pour l'exécution des travaux et la répartition des dépenses. — Notre solution enfin est confirmée et mise en lumière par un avis du Conseil d'État du 8 décembre 1859, où figurent ces deux considérants : — « 1° Qu'aux termes de l'article 2 de la loi de floréal un règlement d'administration publique doit intervenir toutes les fois que les mesures à prendre pour le curage des cours d'eau ne sont pas l'application pure et simple des anciens règlements ou des usages locaux. » — « 2° Que le décret de 1852 limite expressément la compétence des préfets au cas où le curage s'opère de la manière prescrite par les anciens règlements ou usages locaux. — « Attendu, dit encore l'arrêt du 12 avril 1866, qu'en l'absence de tout ancien règlement ou usage local, les mesures constituant un règlement permanent ne peuvent en vertu de l'article 2 de la loi du 14 floréal an XI être prises que par nous, et dans la forme des règlements d'administration publique, etc. »

Le curage s'exécute ou par le travail individuel du riverain sous la surveillance de l'administration, ou par les soins de celle-ci. — Le premier mode est d'une application peu fréquente parce qu'il n'offre pas la garantie d'une bonne exécution, qu'il est souvent en désaccord avec la proportionnalité à laquelle s'attache si essentiellement la loi de floréal. Le curage en effet est une charge commune dont on ne peut déterminer la mesure pour chacun des riverains en se basant uniquement sur la longueur des héritages traversés par l'eau courante. — Le second mode, presque toujours suivi, permet une plus juste répartition des frais. Tout s'exécute ici sous la surveillance et la responsabilité du préfet qui le plus souvent délègue son autorité à un syndicat. Monsieur Dufour au n° 311 de son *Traité sur la Police des Eaux* résume ainsi les fonctions du syndicat : « Il a pour mission d'adresser au préfet des propositions pour tout ce qui concerne la nomination et le traitement des agents chargés de la rédaction des projets, de l'exécution, de la surveillance des travaux, et de la police des cours d'eau; de faire rédiger les projets, de les discuter et de proposer le mode à suivre pour l'exécution des travaux; de poursuivre, s'il y a lieu, l'expropriation des terrains pour la réalisation des projets d'amélioration; de concourir aux mesures nécessaires pour passer les marchés ou adjudications; de surveiller l'exécution des travaux; de dresser le tableau de la répartition des dépenses entre les divers intéressés; de préparer les budgets annuels; de délibérer sur les emprunts qui peuvent être nécessaires, etc. » Nous reviendrons nous-mêmes tout à l'heure avec plus de détail sur la question des associations syndicales.

Les travaux de curage opérés en vertu d'un arrêté préfectoral ayant le caractère de travaux publics peuvent donner lieu à l'application des règles du titre II de la loi du 16 septembre 1807 sur les indemnités pour occupations temporaires de terrains, lorsque par exemple l'administration ou le syndicat fait déposer sur un point unique les vases et déblais provenant du curage. — Quant aux dépots provisoires et disséminés, sans avoir besoin de recourir à l'idée d'une servitude naturelle qui sous ce rapport grèverait les riverains, nous estimons qu'ils doivent les supporter comme rentrant dans les frais d'une exécution qui pèse sur tous. Ce sont les expressions mêmes qu'emploie Proudhon (tome III n° 1039, Domaine public). Mais à ce point de vue nous devons décider aussi que les riverains qui en éprouveraient un dommage supérieur à leur part contributive dans les frais de curage auraient droit à une indemnité.

Quant à l'emploi des vases ou sables provenant

du curage, ou bien ils sont vendus et le prix obtenu diminue d'autant la contribution générale imposée aux intéressés; ou bien ils sont attribués à ceux-ci dans la proportion de leurs frais de curage et pour compenser les charges qu'ils supportent. — La répartition de ces frais est déterminée par l'article 3 de la loi de floréal « Les rôles de répartition des sommes nécessaires aux travaux d'entretien, réparation ou reconstruction, seront dressés sous la surveillance du préfet, rendus exécutoires par lui, et le recouvrement s'en opèrera de la même manière que celui des contributions publiques. » — Il y a une simple opération mathématique à faire en se conformant aux prescriptions de l'article 2 de la même loi, c'est-à-dire en prenant garde « que la quotité de la contribution de chaque imposé soit toujours relative au degré d'intérêt qu'il a dans l'exécution des travaux » — Il en résulte que les usiniers supportent habituellement une part des frais plus élevée que les propriétaires de prairies. Ils sont plus intéressés que tous autres au libre écoulement des eaux et l'accumulation des graviers et vases provient le plus souvent du fonctionnement de leurs usines. — De même celui dont le fonds est plus exposé à la submersion supportera une dépense plus considérable que le propriétaire d'un terrain qui est à l'abri de ce danger.

La plupart des contestations relatives au curage appartiennent à la juridiction administrative, parce qu'il est rare que dans ces questions l'intérêt général ne se trouve engagé. Il peut néanmoins se présenter certaines hypothèses qui mettront en jeu l'action des tribunaux civils. Ainsi l'encombrement du lit d'une rivière provenant du fait personnel d'un riverain donnera lieu à une demande en dommages-intérêts fondée sur l'article 1382 C. N., et les tribunaux pourront contraindre le défendeur à l'exécution du curage. — Un pur accident, un éboulement de terres par exemple, peut avoir donné lieu à cet encombrement qui ne préjudicie qu'à l'un des riverains. Celui-ci pourra encore recourir aux tribunaux pour obtenir que son coriverain débarasse le lit du cours d'eau ou souffre que le travail soit fait à ses frais.— Que si cependant le rétablissement du libre écoulement des eaux nécessitait des travaux d'ensemble auxquels dussent être astreints d'autres propriétaires que les parties litigantes, les tribunaux devraient se dessaisir et renvoyer devant l'administration.

L'arrêté d'un préfet ordonnant le curage à vieux fond et francs-bords d'un cours d'eau est obligatoire tant qu'il ne prescrit pas d'une manière directe ou indirecte l'élargissement du lit et n'arrive pas ainsi à une expropriation partielle. Dépassant cette limite, il est illégal. Il peut alors être déféré aux tribunaux qui alloueront des dommages-intérêts aux propriétaires lésés et seront en droit d'interdire l'exécution des travaux : car il est de principe que les actes administratifs ne font loi pour les tribunaux qu'autant qu'ils se renferment dans les limites de leur compétence et que, réguliers en la forme, au fond ils n'attentent point au droit de propriété dont la sauvegarde est confiée aux magistrats.

Par application tant de l'article 4 de la loi du 14 floréal an XI que de l'article 4 de la loi du 28 pluviôse an VIII, le Conseil de préfecture, sauf recours au Conseil d'État est juge de toutes contestations relatives à la confection des travaux de curage. « *Toutes les contestations*, porte l'article 4 de la loi de floréal, relatives au recouvrement des rôles, aux réclamations des individus imposés, et à *la confection* des travaux, seront portées devant le Conseil de préfecture, sauf le recours au gouvernement qui décidera en Conseil d'État. » Il statue par conséquent (art. 4 de la loi de pluviôse), 1° sur les difficultés entre les entrepreneurs des travaux de curage et l'administration relatives au sens et à l'exécution de leurs marchés ; 2° sur les réclamations des particuliers ayant à se plaindre de torts ou dommages procédant du fait personnel des entrepreneurs ; 3° sur les demandes et contestations concernant les indemnités dues aux particuliers à raison des terrains fouillés pour la confection des travaux. — La loi de pluviôse porte « à raison des terrains *pris* ou fouillés. » Nous avons retranché le mot *pris*, parce que cette hypothèse rentre aujourd'hui dans le cadre de la législation nouvelle sur l'expropriation. — Si en effet l'administration, soit par elle-même, soit par ses entrepreneurs, ne se contente point d'imposer une charge au propriétaire, de lui faire supporter un dommage, si elle lui prend tout ou partie de son héritage, c'est la loi du 3 mai 1841 sur l'expropriation pour cause d'utilité publique qui devient applicable, et ce n'est plus le Conseil de préfecture, c'est le jury d'expropriation qui fixe l'indemnité (Cassation, 27 mars 1858).

Les rôles de taxes du curage approuvés et rendus exécutoires par le préfet sont assimilés aux rôles des contributions directes. (Arrêt du Conseil d'État du 17 juillet 1867, aff. Lacarrière). — *Toutes contestations* relatives à leur recouvrement et aux réclamations des individus imposés rentrent donc à ce titre et suivant les termes exprès de l'article 4 de la loi de floréal, sous la compétence du Conseil de préfecture. — « Quiconque, dit M. Dufour (t. IV, n° 539), se trouve atteint par la taxe est libre de réclamer, et peut se plaindre du système adopté pour la répartition et soutenir qu'elle n'a pas été faite conformément à la loi, ou contester, au besoin, la légitimité de la disposition qui a mis les frais de curage à la charge des riverains, et exciper devant le Conseil de préfecture de l'illégalité de la mesure prise par le préfet. C'est là une conséquence de l'assimilation des dépenses de curage à l'impôt, assimilation consacrée en principe par la loi de floréal an XI. » — Cette interprétation de la loi de floréal, fidèle au texte, car l'article 4 porte : « toutes contestations, » nous paraît aussi très-juste quant au fond.

Nous admettons qu'indirectement et pour partie le Conseil de préfecture peut réformer l'arrêté préfectoral, parce que l'examen du caractère de la demande en réduction ou en décharge appelle nécessairement l'examen de la légalité de l'acte administratif attaqué ; parce qu'on ne peut non plus accuser d'un excès de pouvoir une décision du Conseil qui porte uniquement sur une taxe individuelle, quand *toutes* contestations relatives à la taxe sont aussi formellement que possible réservées à cette juridiction. — Devrait au contraire être déféré soit au ministre de l'Intérieur, sont immédiatement au Conseil d'État, pour excès de pouvoir, la réclamation qui attaquerait l'arrêté même du Préfet d'une manière principale et directe, en fondant par exemple son illégalité sur ce qu'il déroge dans l'ensemble du système de répartition aux règlements ou usages.

Le Conseil de préfecture n'a pas en effet le contrôle des actes administratifs du Préfet et n'a point reçu la mission d'annuler directement les règlements qu'il a faits en qualité de représentant actif du pouvoir central (Arrêt du Conseil d'État du 20 juillet 1854).

L'arrêté préfectoral qui ordonne un curage étant, personne ne le conteste, un acte purement administratif, nulle voie de recours n'est ouverte contre cet arrêté que la voie gracieuse ou volontaire. On demandera au Préfet de rapporter son arrêté, ou bien au ministre d'annuler l'acte du Préfet. Si l'un et l'autre se refusent à faire droit à la réclamation, il ne restera plus au particulier lésé dans ses intérêts qu'à se soumettre. — Par exception cependant, la voie contentieuse est ouverte et l'on peut déférer directement la contestation au Conseil d'État, sans recourir au ministre, lorsque l'arrêté préfectoral est entaché d'incompétence ou d'excès de pouvoir. — Le cas se présente : 1° quand le préfet dans son arrêté se met en contradiction avec les anciens règlements ou usages locaux; 2° quand, contrairement à l'article 2 de la loi de floréal, il empiète sur les droits réservés à l'administration supérieure en faisant des règlements d'administration publique. — Une troisième hypothèse pouvait se présenter sous le régime du décret du 25 mars 1852 non encore modifié par celui de 1861.

L'article premier de ce décret combiné avec le n° 51 du tableau A attribuait au Préfet juridiction entière sur les cours d'eau non navigables ni flottables en tout ce qui concerne leur élargissement et leur curage. Lors donc qu'avant de rendre l'arrêté d'élargissement ou de redressement du lit d'un cours d'eau, le Préfet négligeait de procéder aux formalités de l'expropriation pour cause d'utilité publique, il commettait un excès de pouvoir. — Ce § 51 du tableau A n'a pas été reproduit dans le deuxième décret de décentralisation afin de mettre ce décret en harmonie avec la pratique et la jurisprudence du Conseil d'État; en sorte que l'administration supérieure pouvant seule aujourd'hui de par la loi même décréter l'élargissement, l'excès de pouvoir ne peut plus se produire du chef du préfet au point de vue que nous venons de signaler. Il ne pourrait se produire qu'en rentant dans notre deuxième hypothèse. — Toute difficulté a-t-elle ainsi disparu ? Non : on peut dire que la difficulté n'a fait que changer d'aspect ; et voici la forme sous laquelle elle se représente. — Le Préfet, d'après le tableau D 6° du décret de 1861, est maître de prendre des dispositions pour assurer le curage et le bon entretien des cours d'eau non navigables ni flottables de la manière prescrite par les anciens règlements ou usages locaux. Il prescrit en conséquence un simple curage à vieux fond et francs-bords. Nulle réclamation ne s'élève avant le jour de l'exécution. Mais, ce jour-là, le riverain se plaint que l'on empiète sur son terrain, qu'en réalité on élargit la rivière, et il intente devant les tribunaux civils une action en dommages-intérêts et cessation des travaux. — L'administration conteste que les travaux du curage aient dépassé les limites naturelles du cours d'eau, et en tout cas rejette la compétence judiciaire parce qu'il s'agit, dit-elle, de l'interprétation d'un acte administratif. — Nous admettons avec M. Dufour (tome IV n°, 554) que « si l'administration ou son représentant reconnaît au moins implicitement qu'on a outrepassé les prescriptions de l'arrêté de curage, le devoir des tribunaux est d'intervenir pour faire défense de porter les travaux au delà des limites naturelles du cour d'eau et accorder des dommages intérêts pour les empiètements déjà réalisés ». Mais admettrons-nous avec lui que « si l'administration conteste au contraire le fait qui a motivé la plainte, que si elle prétend que le curage a été exécuté conformément à l'arrêté du Préfet et qu'on n'a point excédé les limites normales du cours d'eau, le débat se complique d'une question d'appréciation des travaux dans leur rapport avec les ordres donnés par le Préfet et avec les limites assignées au cours d'eau, et que la question se présente alors avec tous les caractères d'une question préjudicielle à soumettre à l'autorité administrative ? » — Cette doctrine a toutes les apparences de la raison. Elle s'abrite derrière un principe d'ordre public, la séparation des pouvoirs qui défend aux tribunaux civils d'interpréter les actes administratifs, et elle se défend de porter l'atteinte la plus légère au droit de propriété. C'est ainsi que l'arrêt Amyot-Robillard du 14 avril 1853 déclare ne s'occuper que de la fixation des limites et réserver la question de propriété. — Il n'en est rien cependant, et si l'on y regarde de plus près, on est bien forcé d'admettre que toute question de limites se résume en une question de propriété et qu'à ce titre elle rentre dans la compétence judiciaire, qu'il s'agit non pas d'interpréter un acte administratif, mais d'examiner des titres de propriété ou l'état de possession ancienne. — « Autrement il est difficile, dit M. Foucart (t. III, n° 1456, Droit public et administratif) de déterminer un cas où la question de propriété pourra être élevée utilement à l'égard d'un terrain déclaré faire partie du lit, parce que cette détermination aura un effet rétroactif et que la possession du riverain n'aura été que précaire. »

§ 2. *Des associations syndicales d'irrigation avant la loi du* 21 *juin* 1865.

Dans la discussion de la loi du 29 avril 1845, l'attention de la Chambre des députés avait été appelée sur les avantages que l'agriculture pourrait retirer de l'association dans l'emploi des eaux d'irrigation. Suivant les meilleurs esprits, la loi devait avoir égard aux demandes collectives de particuliers agissant dans une communauté d'intérêt plus encore qu'elle ne devait favoriser les demandes individuelles. « Je ne voudrais pas, disait M. Odilon Barrot, exproprier les propriétaires intermédiaires ; je voudrais les forcer à entrer dans l'association de tous les propriétaires. Je voudrais introduire dans cette matière la puissance de l'association. Je voudrais que l'autorité publique pût intervenir, non pas pour enrichir l'un aux dépens de l'autre, mais pour créer des cours d'eau collectifs, pour les enlever à l'abus de la propriété privée et en faire des propriétés collectives, et régler tous les droits de ces propriétés collectives. » — C'était demander le droit d'immoler au besoin l'intérêt d'un seul à l'intérêt de plusieurs, en investissant l'administration d'un pouvoir de coaction. C'éétait demander que l'on fît pour l'irrigation ce qu'avait fait pour l'endiguement l'article 33 de la loi du 16 septembre 1807. « Lorsqu'il s'agira, porte cet article, de construire des digues à la mer ou contre les fleuves, rivières et torrents, navigables ou non navigables, la nécessité en sera constatée par le gouvernement, et la dépense supportée par les propriétés protégées dans la proportion de leur intérêt aux travaux, sauf le cas où le gouvernement croirait utile et juste d'accorder des secours sur les fonds publics. » — Le législateur de 1845 recula devant des innovations qu'il jugeait trop graves, ou dont l'examen lui était soumis d'une façon trop imprévue. — Nous verrons dans quelle mesure celui de 1865, reprenant les idées émises à vingt années de distance, jugea à propos de leur donner satisfaction. Nous avons présentement à constater la condition des associations d'irrigation sous le régime qui a précédé la loi du 21 juin 1865.

Suivant M. Serrigny (t. III, n° 1611 du *Traité de l'organisation et de la compétence administrative*), l'irrigation est une simple amélioration et non une chose de nécessité publique. Il en résulte que forcer un propriétaire à irriguer son fonds malgré lui serait porter atteinte au droit de propriété tel qu'il est défini par l'article 644 du Code Napoléon. On n'a point à s'étonner, dès lors, que les syndicats d'arrosage ne soient prévus et organisés d'une manière expresse par aucune disposition de la loi. — Il est remarquable cependant que le germe de ces associations se retrouve dans les temps les plus reculés. « Leur origine, lisons-nous dans l'exposé des motifs de la loi du 21 juin 1865, est fort ancienne, et plusieurs d'entre elles remontent au moyen-âge. L'administration des Wateringues du Nord date de l'année 1169... En Provence et dans le Comtat, les propriétaires se sont réunis depuis longtemps pour endiguer les rives du Rhône et de la Durance, et creuser ces canaux d'arrosage si précieux sous le climat brûlant du Midi. Ces sociétés portent encore le nom primitif d'Œuvres d'Arles, de Craponne, etc... Elles remontent au douzième siècle pour l'endiguement, au quinzième pour le dessèchement et au seizième pour l'exécution des grands canaux d'arrosage. Les communautés d'arrosants du Roussillon sont plus anciennes encore. Elles se sont formées sous l'empire de la législation des Visigoths et des Arabes, etc... »

Avant la loi de 1865, les propriétaires résolus à exécuter en commun des travaux d'ensemble pour utiliser les eaux qui bordaient ou traversaient leurs héritages avaient le choix d'organiser leur association par un acte soit en la forme authentique, soit sous-seing privé, dont l'exécution rentrait dans la compétence exclusive des tribunaux civils, ou de solliciter le concours de l'administration. — En ce dernier cas, le projet d'association rédigé et voté dans une assemblée générale des intéressés était, après communication à l'administration des ponts-et-chaussées et sur le rapport de l'ingénieur en chef, adressé au préfet. Ce dernier statuait sur la constitution en association syndicale conformément aux dispositions des décrets du 25 mars 1852 et 13 avril 1861 (Tableau D, 6°, du décret de 1852 et Tableau D 8° du décret de 1861). Si, jusqu'en 1852, la compétence préfectorale pouvait faire doute en la matière, elle a du moins trouvé dans les décrets de décentralisation une consécration formelle. Le plus souvent cependant, l'administration supérieure, nous entendons par là le ministère des travaux publics, s'est réservé la connaissance de ces affaires, parce que l'exécution des travaux en projet nécessitait des expropriations et qu'il n'y pouvait être statué que par décret.—Mais quand un auteur (M. Dufour, t. IV, p. 520, n° 483) affirme qu'il est sans exemple qu'un préfet se soit prévalu de l'attribution à lui faite, soit par les lois de 1790, soit par les décrets de décentralisation, il oublie sans doute la déclaration faite par le ministre des travaux publics lui-même à l'occasion d'un décret sur conflit le 31 janvier 1856. Nous y lisons : « D'après les usages du Roussillon, le préfet avait qualité, en 1849, pour approuver la création volontaire d'une association de ce genre. Le décret du 25 mars 1852 a étendu à toute la France ces usages d'une province où les irrigations sont depuis longtemps en honneur. En matière d'association purement volontaires, jamais le Conseil d'État n'a appliqué le principe que les associations de ce genre dussent être, à peine de nullité, créées par des actes émanés directement du souverain. Ce principe n'a été posé par le Conseil d'État qu'en ce qui touche les associations territoriales constituées *d'office* en matière de curage (20 janvier 1843. Riv. d'Orges). L'autorité judiciaire a proclamé, au contraire, la validité d'associations d'arrosage formées par simple arrêté préfectoral. D'abord, la Cour de Cassation avait pensé que les associations d'arrosage étaient de simples sociétés civiles (26 mars 1841), mais elle a reconnu par un second arrêt (24 février 1844) qu'à l'égal des communes qui sont représentées en justice par leur maire, les associations territoriales d'arrosage constituées par simple arrêté du préfet peuvent plaider par leurs syndics. » — Ce serait peut-être ici le lieu de signaler comme différence caractéristique entre les associations de la première et celles de la seconde espèce, l'individualité juridique résultant pour les dernières de l'approbation et du concours de l'autorité publique à leur formation. — D'après la jurisprudence de la Cour de Cassation (arrêts des 11 novembre 1829, 20 février 1844, 21 mai 1851, 30 août 1859) en dehors de cette adhésion de l'autorité, on ne rencontre plus la personne morale, l'être collectif, qui a son représentant légal dans le syndic; et chacun des membres de l'association conserve sa personnalité propre. Un arrêt du 6 juillet 1864 avait quelque peu ébranlé cette théorie. — Mais nous n'insistons pas davantage sur une discussion qui n'offre véritablement plus qu'un intérêt rétrospectif. — La nouvelle loi pose en principe dans son article 3 que « toutes associations, soit libres, soit autorisées, peuvent ester en justice par leurs syndics, acquérir, vendre, échanger, transiger, emprunter et hypothéquer. » En présence d'un texte si formel, la controverse désormais n'est pas possible.

Les associations syndicales d'irrigation, même autorisées par arrêté préfectoral ou par décret, ne pouvaient comprendre que des propriétaires adhérents à l'acte d'association (Arrêts du Conseil d'État des 21 juin 1859, aff. Villon — 24 janvier 1867, aff. Dussart. — 13 juin 1867, Canal de Crillon). Et ce dernier arrêt décide que « en conséquence un propriétaire qui a été malgré lui compris dans une association syndicale pour l'irrigation doit obtenir décharge de la taxe à laquelle il a été imposé, sauf au syndicat dans le cas où il soutiendrait que ce propriétaire a profité des dépenses effectuées par l'association à faire valoir devant l'autorité compétente les droits qui pourraient lui appartenir. »

C'est que les travaux d'irrigation n'ont jamais été considérés que comme des travaux d'utilité, et aucun texte n'autorisait l'administration supérieure à syndiquer les arrosants malgré eux. Il est expressément déclaré par les décrets de décentralisation que « les syndicats pour canaux d'arrosage peuvent être autorisés par les préfets lorsque les propriétaires sont d'accord pour l'exécution desdits travaux et la répartition des dépenses. » Ajoutons que l'accord ne pouvait résulter que d'un consentement formellement exprimé. — La mauvaise volonté des propriétaires opposants ne pouvait être vaincue que dans le cas où à raison de l'importance des travaux, de l'étendue des terrains à irriguer et des améliorations à obtenir, le décret émané de l'administration déclarait l'entreprise d'utilité publique. — L'association constituée ainsi en entrepreneur de travaux publics arrivait à son but par les mesures ordinaires de l'expropriation. — Déjà d'ailleurs il aurait été assez difficile au propriétaire récalcitrant d'échapper dans certains cas aux lois d'une association formée sans sa participation si l'on admet la distinction posée une première fois par le Conseil d'État dans son arrêt du 21 juin 1859 (aff. Villon). Certainement, disait-on à l'usinier qui se plaignait que son moulin fût compris malgré lui dans l'association syndicale, on ne peut vous forcer à entrer dans l'association ; mais on peut vous forcer à participer aux charges d'un syndicat ayant pour mission d'appliquer un règlement de police des eaux. Les règlements d'eau de votre usine vous obligent à vous conformer à tous les règlements faits ou à faire par l'administration, en ce qui concerne le service des irrigations, la police et le régime des eaux de la rivière d'où est dérivé le volume d'eau nécessaire au mouvement de votre usine. Un décret a confié à un syndicat le soin d'administrer cette rivière. Vous êtes donc l'un des intéressés qui doivent supporter les dépenses occasionnées par cette rivière au syndicat. — On fit ainsi payer à l'usinier la taxe syndicale, non pas en vertu du contrat d'association auquel on ne pouvait le forcer d'adhérer, mais en vertu du règlement même d'administration publique, en vertu de la loi, et on la lui fit payer entre les mains des fonctionnaires délégués par l'administration, les syndics.

A première vue, le raisonnement qui précède ne peut manquer de paraître subtil. On ne peut contester cependant qu'il ait un fondement sérieux dans le caractère, dans la nature même du règlement d'administration publique qui a constitué le syndicat, si l'on établit surtout une comparaison entre ce règlement et l'arrêté préfectoral. — Tandis que le premier est d'une application générale et absolue, et que le pouvoir dont il émane lui donne force de loi en vertu de cette délégation de haute police que nous avons plus d'une fois constatée, l'arrêté préfectoral a un cadre limité, parce qu'il émane d'un pouvoir de second ordre qui ne peut sortir du cercle d'attributions qui lui a été tracé. Et précisément, dans l'hypothèse qui nous occupe, l'arrêté préfectoral d'autorisation (le texte des décrets de 1852 et 1861 est formel sur ce point) ne peut être rendu qu'à la condition d'un accord commun entre les propriétaires. Il est donc essentiel de noter que dans notre hypothèse c'est surtout sur le droit de police générale de l'administration que se fonde le droit de coaction contre l'usinier récalcitrant.

L'administration a institué le syndic de l'association dépositaire de son pouvoir de police, elle en a fait son mandataire, et quand ce dernier agit en son nom, quand, après la confection des travaux, il demande à chacun des intéressés sa part proportionnelle des dépenses, c'est moins au nom de l'association syndicale reconnue qu'au nom de l'administration qu'il opère des poursuites.

Personne ne conteste assurément que le droit de faire des règlements de police concernant l'usage des eaux et des règlements obligatoires pour tous ne résulte pour l'administration des lois de 1790, 1791, de la loi du 14 floréal an XI, et des articles 33 et 34 de la loi du 16 septembre 1807 : « Les administrations de département, porte la loi des 12-20 août 1790, chap. IV, doivent rechercher et indiquer les moyens de procurer le libre cours des eaux, d'empêcher que les prairies ne soient submergées par la trop grande élévation des écluses, des moulins et par les autres ouvrages d'art établis sur les rivières, de diriger enfin autant qu'il sera possible, toutes les eaux de leur territoire vers un but d'utilité générale d'après les principes de l'irrigation. » — Au pouvoir central surtout revient le soin de répartir par des règlements nouveaux entre l'agriculture et l'industrie les eaux des rivières non navigables ni flottables ; car la compétence des préfets en cette matière, compétence dont nous rencontrons le germe aux nos 5 et 6 du tableau D du décret de 1852, est soumise par le décret de 1861 à une restriction dont la lecture même du n° 7 du tableau D donne la portée : « répartition entre l'industrie et l'agriculture des eaux des cours d'eau non navigables ni flottables de *la manière prescrite par les anciens règlements et usages locaux.* » — Nous ne pouvons croire en présence de ce texte qu'une organisation syndicale qui n'est consignée ni dans les anciens règlements, ni parmi les usages constants et reconnus, puisse être établie par un simple arrêté préfectoral sans qu'il y ait excès de pouvoirs de la part du préfet.

Nous arrivons dès lors à cette conclusion : qu'aucune disposition de loi n'autoriserait à faire entrer des propriétaires dans un syndicat d'irrigation contre leur gré, mais qu'un règlement de police concernant l'usage des eaux tant pour l'industrie que pour l'agriculture devient une loi commune et est obligatoire pour tous ; que s'il n'existe ni règlements anciens ni usages locaux, ou s'il est urgent d'apporter des dérogations à ces règlements et usages, l'autorité préfectorale cessera d'être compétente et un décret délibéré en Conseil d'État devra intervenir pour astreindre les propriétaires à l'exécution des mesures de police reconnues nécessaires.

Les formalités suivies avant la loi de 1865 pour la constitution d'une association d'arrosage soit par décret, soit par arrêté préfectoral, étaient les suivantes : — En adressant leur demande à la préfecture, les intéressés prenaient l'engagement de pourvoir aux frais des études préparatoires du projet. Les ingénieurs visitaient les lieux et, si leur rapport était favorable, ils procédaient avec un syndicat provisoire à la rédaction d'un projet de règlement. — Deux hypothèses pouvaient alors se présenter.

Ou l'association ne devait se composer que de propriétaires réclamant une simple dérivation pour arroser des terrains qu'ils possédaient dans les conditions de la loi du 29 avril 1845. Ou bien elle devait présenter les caractères d'une institution d'utilité publique, parce qu'en réclamant l'ouverture d'un canal d'arrosage elle entendait se faire concéder le droit de vendre l'eau à des propriétaires non associés. — Au premier cas, comme il ne s'agissait que d'une simple concession de prise d'eau, il suffisait pour l'établir sur une rivière navigable ou flottable qu'elle fût décrétée par l'administration supérieure, et il suffisait, en matière de rivières non navigables ni flottables, que le préfet approuvât le règlement consenti par les intéressés.

Au second cas au contraire, comme il s'agissait de constituer une véritable personne civile qui offrît toutes les garanties d'une bonne gestion et de l'exécution fidèle du règlement, des mesures spéciales devenaient nécessaires ; rédaction de plans, désignation des terrains engagés dans l'opération, engagements signés des propriétaires, enquêtes conformes à l'ordonnance du 18 février 1834, communication au ministère des Travaux publics du dossier avec les avis des ingénieurs et du préfet. Enfin, après l'avis conforme du conseil général des Ponts-et-Chaussées, intervenait le décret d'autorisation réglant les conditions imposées à ceux qui voudraient adhérer à l'association, les redevances que paieraient les propriétaires étrangers au syndicat pour utiliser les eaux dérivées, la formation du syndicat et les fonctions des syndics. En même temps, le décret déclarait substituer les associés, pour l'entreprise en question, à tous les droits et obligations attribués à l'administration par la loi du 3 mai 1841. Il réglementait enfin la prise d'eau, l'importance, le mode d'exécution et le paiement des travaux, la rédaction et le recouvrement des rôles ; toutes dispositions qui ont le plus rapport avec l'organisation des travaux de curage exposée dans le paragraphe qui précède.

§ III. — *Des associations syndicales sous le régime de la loi du* 21 *juin* 1865.

L'exposé des motifs rédigé par M. le conseiller d'État comte Dubois pour la présentation de cette loi au Corps législatif (6 avril 1864) précise dans le passage suivant les intentions des auteurs du projet et le but qu'ils espéraient atteindre. — « Les travaux d'amélioration agricole, y est-il dit, exigent en général des vues d'ensemble, un long temps, des ressources permanentes et du crédit. Des efforts isolés sont impuissants lorsqu'il s'agit de défendre contre la mer ou les débordements des rivières des territoires menacés d'inondations, d'améliorer, de curer et de régulariser des cours d'eau, de conquérir ou d'assainir des terrains rendus improductifs et souvent insalubres par la stagnation des eaux, de faire profiter des surfaces considérables des bienfaits de l'irrigation et du colmatage. — De telles entreprises veulent des efforts combinés et le concours de l'esprit d'association. C'est ce concours que le projet de loi que nous venons soumettre à vos délibérations a pour but de leur assurer. » — Ces quelques lignes nous montrent en même temps combien est vaste le champ d'application de la loi de 1865. Elle embrasse tous les travaux qui ont pour but la conservation et l'amélioration du sol, suivant le détail qui en est donné dans les divers paragraphes de l'article premier.

Le même exposé des motifs résumait ainsi la situation antérieure des syndicats : on distinguait deux espèces d'associations, les associations autorisées par l'administration et les associations libres. — Pour les premières, antérieurement au décret de 1852, les intéressés devaient toujours se pourvoir d'un décret délibéré en conseil d'État. Depuis cette époque, le préfet était compétent pour accorder l'autorisation, mais à la condition que tous les intéressés fussent d'accord. Or, le plus souvent, parmi ces derniers, il y avait des incapables (mineurs, interdits, femmes mariées sous le régime dotal). Les représentants légaux de ces incapables pouvaient-ils donner leur adhésion aux syndicats sans excéder la limite de leurs pouvoirs? Cette question n'avait pas été prévue par la loi. De là des scrupules, des doutes sur la validité de l'association qui perdait tout crédit auprès des capitalistes. Quant aux associations libres, elles demeuraient soumises au droit commun, c'est-à-dire aux règles du Code Napoléon sur les sociétés; et les sociétés civiles n'étant pas en principe des personnes morales, la Cour de cassation leur refusait avec raison le droit de se faire représenter en justice par leurs syndics. De là des lenteurs et des complications préjudiciables. — La juridiction compétente pour trancher les contestations entre associés variait suivant la nature des travaux. C'est ainsi qu'en matière de curage la décision des litiges appartenait au Conseil de préfecture, tandis qu'elle était confiée à des commissions spéciales lorsqu'il s'agissait de dessèchements de marais ou de travaux de défense. Enfin, lorsque les syndicats voulaient procéder à des expropriations, ils étaient tenus de se conformer à toutes les règles protectrices de la loi du 3 mai 1841.

Des modifications assez nombreuses et assez importantes furent apportées par la commission du Corps législatif aux 21 articles dont se composait le projet de loi, et le rapport de M. Senéca (3 mai 1865) met en lumière les remaniements qui furent opérés.

« Examiné dans son ensemble, dit M. Senéca, le

projet de loi contenait d'abord l'énumération des travaux qui pouvaient être l'objet d'une association syndicale. Il établissait, à ce point de vue, trois sortes d'associations, les unes libres, les autres autorisées; mais sous cette dernière dénomination étaient comprises, en réalité, des associations forcées, c'est-à-dire qui pouvaient être imposées aux intéressés, malgré leur résistance même unanime. Le projet de loi assurait aux associations respectives certains avantages propres à faciliter leur fonctionnement, pourvoyait au cas d'inexécution, d'interruption ou de défaut d'entretien de travaux. Il réservait à un règlement d'administration publique de statuer sur le complément de la loi, notamment sur la représentation de la propriété dans les assemblées générales et sur la nomination des syndics. La loi du 16 septembre 1807 et la loi du 14 floréal an XI auraient régi la matière des endiguements et du curage des rivières et cours d'eau non navigables ni flottables, mais concurremment avec la loi des associations ; le dessèchement des marais et les ouvrages nécessaires à l'exploitation des marais salants, au contraire, n'auraient pas été compris dans cette dernière loi. Par les nouvelles dispositions que nous vous proposons, ces deux objets importants sont ajoutés à la nomenclature des travaux à faire par voie d'association. L'économie du projet de loi se trouve d'ailleurs modifiée. Ainsi, il n'y aura que des associations libres formées par le consentement unanime des intéressés, ou des associations autorisées du consentement soit de l'unanimité, soit au moins d'une forte majorité formée du nombre des intéressés combiné avec l'importance des intérêts. Les associations forcées n'ont pas été admises ; les moyens d'action accordés aux associations ont été précisés et complétés. Des dispositions ont été introduites, qui statuent sur les principaux objets que le projet de loi avait réservés à un règlement d'administration publique, et qui appartenaient manifestement au domaine législatif. — Enfin, il est reconnu que la loi du 16 septembre 1807 et la loi du 14 floréal an XI continueront à recevoir leur exécution, mais à défaut de formation d'associations libres ou autorisées, pour les endiguements, pour les dessèchements de marais et pour le curage des cours d'eau. »

Le passage du rapport que nous venons de reproduire réduit, on le voit, d'une manière absolue les associations syndicales à deux catégories, les associations libres et les associations autorisées. Il exclut les associations forcées que l'exposé des motifs au contraire avait admises sous le nom déguisé d'associations autorisées de seconde espèce. L'article 14 du projet qui y était relatif a été retranché de la rédaction définitive. Nous aurons cependant à examiner dans le commentaire de l'article 26 de la loi, si, malgré les déclarations échangées dans la discussion, il n'y aura pas encore des associations forcées par application des lois de l'an XI et de 1807 dont le gouvernement a réclamé le maintien formel en échange de sa renonciation à constituer d'office des associations syndicales pour les travaux de curage, d'endiguement et de dessèchement de marais.

L'article premier de la loi présente dans sa nomenclature les deux catégories d'associations qui existaient déjà antérieurement à 1865 sous le nom de syndicats volontaires, les premiers remplacés aujourd'hui par les syndicats simplement autorisés. — Dans la première catégorie, sous les numéros 1 à 5 sont classées les associations qui ont pour objet l'exécution et l'entretien des travaux : de défense contre la mer, les fleuves, les torrents et les rivières navigables ou non navigables ; — de curage, approfondissement, redressement et régularisation des canaux et cours d'eau non navigables ni flottables et des canaux de dessèchement et d'irrigation ; — de dessèchement des marais ; — des étiers et ouvrages nécessaires à l'exploitation des marais salants ; — d'assainissement des terres humides et insalubres. — Pour la constitution de ces associations l'adhésion de la majorité des intéressés peut suffire. — Dans la deuxième catégorie sont classés, sous les numéros 6 à 8 de l'article premier, les associations syndicales ayant pour objet l'exécution et l'entretien de travaux — d'irrigation et de colmatage ; — de drainage ; — de chemins d'exploitation et de toute autre amélioration agricole ayant un caractère d'intérêt collectif. — Pour la constitution de ces associations il faut l'unanimité des propriétaires intéressés. La législation ancienne, on le voit, n'a guère été modifiée par la législation actuelle. On a simplement à constater le remplacement des associations forcées par les associations autorisées suivant la loi des majorités. Au cours de la discussion M. le comte Dubois, commissaire du gouvernement, rappela même en ces termes la jurisprudence administrative qui servait de base à la division ci-dessus. « Peut-on, disait-il, attribuer et donner le même pouvoir de coercition pour les travaux de défense et de conservation ? Le Conseil d'État ne l'a jamais pensé, tous les précédents administratifs ont toujours fait la distinction, et c'est cette distinction que nous apportions dans le projet primitif. » — On peut dire cependant que pour les ouvrages destinés à l'exploitation des marais salants, ainsi que pour l'assainissement des terres humides et insalubres, la loi de 1865 pose une règle nouvelle, parce que les travaux de ce genre ne pouvaient jusque-là être entrepris que par l'unanimité des intéressés. Mais l'innovation est très-bien expliquée par différents passages du rapport de la commission législative et de la circulaire ministérielle du 12 août 1864. — « Quant aux numéros 4 et 5, disait le rapporteur, il importe que les marais salants ne restent pas inexploités, même en partie, à cause de la résistance d'un petit nombre d'intéressés qui laisseraient volontiers faire par d'autres des travaux dont ils profiteraient. Et quant aux terres humides et insalubres, dès que l'insalubrité existe, il n'y a plus à exiger l'unanimité des propriétaires pour la faire cesser. A cet égard, on devait suivre la règle applicable aux marais. »

Nous n'avons à entrer dans aucun détail à propos ud paragraphe premier de l'article premier dont les arrêts du Conseil de 1769, 1773, 1779, la loi du 3-21 septembre 1792, et la loi de 1807, art. 33, sont les précédents législatifs. — Mais le second paragraphe comprenant, indépendamment du simple curage, l'approfondissement, le redressement et la régularisation des canaux et cours d'eau non navigables ni flottables, et des canaux de dessèchement et d'irrigation, on peut se demander si la loi de 1865 a ajouté à la loi de floréal an XI? — D'après la jurisprudence du Conseil d'État définitivement établie depuis 1855, la loi de l'an XI prévoyait aussi bien les travaux de redressement et d'élargissement que ceux de simple curage. La loi de 1865 n'est donc venue que confirmer une situation nettement définie. Mais il importe de reproduire ici la réserve dont nous avons parlé à propos des attributions conférées au préfet par la loi de floréal : « Il n'est pas possible, disait le comte Dubois, sans un décret d'utilité publique, de redresser un cours d'eau. Il faut que le syndicat provoqué cette déclaration, et il faut qu'un décret d'utilité publique autorise à faire ce redressement. Ce n'est pas en vertu d'une simple approbation du préfet que ces travaux peuvent être faits, il faut un décret d'expropriation. — Ainsi lorsqu'un préfet avait ordonné un élargissement et un redressement de cours d'eau sans avoir obtenu un décret d'utilité publique, son arrêté était annulé pr le Conseil d'État, en vertu de l'article 3 de la loi de floréal an XI. — Il est quelquefois permis, dans un cas pressant, de procéder d'urgence; mais le principe est toujours réservé. »

Nous avons montré plus haut comment, depuis l'arrêt du 26 mai 1841, la Cour de cassation avait sévèrement maintenu la distinction entre les associations syndicales libres et les associations instituées avec le concours et l'approbation de l'autorité publique. — D'après cette jurisprudence, les premières ne constituaient par le fait que de simples sociétés civiles dont tous les membres devaient être assignés individuellement sur les demandes intéressant l'association, et non collectivement en la personne de leurs syndics. —Les secondes, au contraire, qu'elles fussent instituées par arrêté préfectoral, par ordonnance ou décret, étaient réputées représenter un intérêt collectif et territorial, et pouvaient être actionnées en la personne de leurs syndics ou administrateurs. — L'article 3 de la loi nouvelle est venu détruire la distinction et confirmer une autre jurisprudence dont la date remonte seulement à un arrêt de Cassation de 1864 (6 juin). Cet arrêt avait en effet décidé qu'une association d'arrosage, bien que non constituée en syndicat par l'autorité publique, n'en avait pas moins un existence légale lorsque, remontant à une date éloignée, elle avait exécuté des travaux d'intérêt général et avait toujours été représentée par des syndics. L'arrêt reconnut donc à ces derniers qualité pour représenter l'association en justice. — Aujourd'hui les textes sont on ne peut plus formels. « Les associations syndicales sont libres ou autorisées, porte l'article 2 de notre loi » ; et l'article 3 ajoute sans faire de distinction : « Elles peuvent ester en justice par leurs syndics, acquérir, vendre, échanger, transiger, emprunter et hypothéquer. »

Il n'est point douteux que les syndicats libres aient toujours pu intenter une action judiciaire ou y défendre sans l'autorisation du Conseil de préfecture, parce qu'ils n'ont jamais été soumis à la tutelle administrative. En peut-on dire autant des syndicats autorisés ? Nous ne contestons point que leur caractère ne se rapproche beaucoup de celui des établissements publics par les liens de subordination et de contrôle qui les assujettissent. Mais nous sommes obligé de leur reconnaitre aussi une originalité, une condition *sui generis*, qui ne permet point une assimilation aussi complète que s'il s'agissait des associations forcées. — La pratique administrative antérieure à 1865 a toujours permis aux syndicats d'ester en justice sans l'autorisation du Conseil de préfecture, et l'on trouve même dans les décrets constitutifs d'associations syndicales cette clause devenue de style : « après autorisation du syndicat, le directeur représente l'association en justice tant en demandant qu'en défendant. » Ces précédents nous fournissent un argument *a fortiori* pour les associations autorisées en vertu de la loi de 1865. L'argument se fonde sur ce qu'aujourd'hui, les associations n'étant plus forcées, les syndics ne sont plus choisis par le préfet mais par les intéressés, et qu'ils sont ainsi les véritables mandataires de ces derniers. — Ajoutons que cette décision est en parfaite conformité avec la déclaration suivante de l'exposé des motifs : « Sans doute les œuvres complexes et difficiles que les syndicats ont en vue de réaliser ne peuvent se passer complétement du concours de l'État, mais c'est ici l'occasion de répéter que la tutelle organisée par une centralisation peut-être excessive de la puissance publique a pour effet de donner aux populations des habitudes regrettables d'inertie et de timidité qui aboutissent souvent à l'impuissance. » — Nous déciderions par les mêmes motifs que le visa des articles 1039 et 69, Proc. civ. n'est point exigible pour les assignations et notifications faites aux associations syndicales.

L'article 4 de la loi favorise la constitution volontaire des associations en permettant aux mineurs, aux interdits, aux absents, à tous incapables, d'y adhérer par l'entremise de leurs représentants légaux, tuteurs ou envoyés en possession provisoire. Cette disposition est empruntée à l'article 13 de la loi du 3 mai 1841. — Le tribunal de la situation des lieux a été jugé le mieux placé pour autoriser les représentants des incapables à donner leur adhésion. Ceux-ci ont à se pourvoir par voie de simple requête adressée au président. La requête est répondue d'une ordonnance prescrivant la communication au ministère public et désignant un rapporteur, pour être statué sur le tout en la chambre du conseil.

Quant à l'État, aux départements, communes et aux établissements publics que nous ne pouvons classer parmi les incapables dont parle l'article 4, parce que la tutelle administrative est entièrement indépendante de la tutelle judiciaire, nous estimons qu'ils seront administrativement habilités à donner leur adhésion comme ils l'auraient été à faire une aliénation en conformité des § 4 et 5 de l'art. 13 de la loi de 1841 ; c'est-à-dire que pour les biens de l'État l'adhésion sera donnée par le ministre des finances, pour ceux des départements par le préfet après délibération du Conseil général, pour ceux des communes et établissements publics par les maires et administrateurs après délibération du Conseil municipal ou d'administration approuvée par le préfet en Conseil de préfecture.

Formation des associations syndicales libres. — Aux termes de l'article 5, l'association libre se forme sans l'intervention de l'administration. Son caractère essentiel est le consentement unanime des intéressés. De plus, le consentement doit être constaté par écrit, c'est-à-dire par acte notarié ou par un simple acte sous-seing privé spécifiant le but et les conditions de l'association, visant dans tous les cas les autorisations judiciaires ou autres qui auraient dû intervenir. « L'acte d'association, porte l'article 5, spécifie le but de l'entreprise ; il règle le mode d'administration de la société et fixe les limites du mandat confié aux administrateurs ou syndics ; il détermine les voies et moyens nécessaires pour subvenir à la dépense, ainsi que le mode de recouvrement des cotisations. » — En troisième lieu l'existence de l'association devra être révélée aux tiers par la publicité. « Un extrait de l'acte d'association, porte l'article 6, devra, dans le délai d'un mois à partir de sa date, être publié dans un journal d'annonces légales de l'arrondissement ou, s'il n'en existe aucun, dans l'un des journaux du département. Il sera en outre transmis au préfet et inséré dans le recueil des actes de la préfecture. » Et l'article 7 dont la disposition est empruntée à l'article 42 *in fine* du Code de Commerce ajoute : « A défaut de publication dans un journal d'annonces légales, l'association ne jouira pas du bénéfice de l'article 3. L'omission de cette formalité ne peut être opposée aux tiers par les associés » ; mais les tiers pourront invoquer le défaut de publication à l'encontre des associés.

Quoique jouissant, sous les conditions indiquées ci-dessus, du bénéfice des articles 3 et 4, les associations libres n'en conservent pas moins leur caractère de sociétés privées. Comme le déclare la circulaire ministérielle du 12 août 1865, « soit pour le recouvrement des cotisations, soit pour le jugement des contestations relatives à la répartition et à la perception des taxes, soit pour l'acquisition de terrains où l'établissement de servitudes, elles restent placées sous le régime du droit commun, et ne disposent d'aucun des moyens d'action que peut conférer l'intervention de l'autorité publique. » — Si donc elles veulent prétendre à la compétence administrative et aux avantages que confèrent les articles 15, 16, 17, 18 et 19 de la loi, elles doivent se faire convertir en syndicats autorisés conformément à l'article 8. Autrement, elles pourraient bien, au cas où elles présenteraient à l'État des garanties suffisantes, devenir ses concessionnaires pour des travaux déclarés d'utilité publique; mais dans l'exécution de ces travaux elles devraient appliquer purement et simplement la loi du 3 mai 1841 sans pouvoir utiliser les formes simplifiées de la loi du 21 mai 1836 réservées aux associations autorisées. — Nul doute d'ailleurs que les syndicats libres ne puissent jouir des facilités que les lois de 1845, 1847 et 1854 procurent aux simples particuliers en matière d'irrigation et de drainage.

« Les associations syndicales libres, lisons-nous en l'art. 8, peuvent être converties en associations autorisées par arrêté préfectoral, en vertu d'une délibération prise par l'assemblée générale, conformément à l'art. 12 ci-après, sauf les dispositions contraires qui pourraient résulter de l'acte d'association. — Elles jouissent dès lors des avantages accordés à ces associations par les articles 15, 16, 17, 18 et 19. » — Il importe de noter la réserve contenue dans ces mots « sauf les dispositions contraires qui pourraient résulter de l'acte d'association. » C'est que la loi, pour nous servir des termes mêmes du rapport, a dû tenir compte des contrats qui lient déjà les parties. Si donc une association libre a fait des stipulations particulières au sujet de sa transformation éventuelle en association autorisée, ces stipulations devront être respectées. Ainsi une association libre qui se forme pour l'un des cas spécifiés aux numéros 6, 7, et 8 de l'art 1er peut toujours, par des stipulations unanimement acceptées, prévenir l'application de l'article 12. — Cela revient à dire qu'il faut faire une distinction entre les associations régies par la loi des majorités et les associations régies par la loi de l'unanimité. — Si l'on suppose une association de la première espèce, quelles que soient les stipulations prohibitives de l'acte d'association libre, la transformation, fût-elle interdite par des clauses pénales, pourra avoir lieu dès que la majorité se prononcera pour la forme officielle. Son vote en effet sera conforme à la loi, et c'est la stipulation pénale qui, étant illégale, sera non avenue et réputée non écrite. — Si l'on suppose une association de la seconde espèce contenant les mêmes stipulations prohibitives, comme l'association est purement volontaire et qu'elle ne pouvait être imposée d'office, ce sont ici les clauses qui font la loi des parties, et la majorité ne peut rien contre la teneur de l'acte. Il n'y a donc point de conversion possible. — Mais, quelque soit le but de l'association libre, qu'elle ait en vue des travaux d'irrigation (art. 1er, § 6), ou des travaux de curage (§ 2) ; si dans sa formation aucune réserve n'a été faite en prévision de la conversion, il suffit, pour que cette transformation puisse avoir lieu et soit obligatoire pour tous les associés, que la majorité exigée par l'art. 12 se prononce en assemblée générale et que le préfet approuvant sa délibération prononce la transformation en syndicat autorisé.

Formation des associations autorisées. — Nous venons de voir comment une association libre peut se trouver transformée en association autorisée par la loi de la majorité et conformément à l'art (12. Il a suffi que, aux termes de cet article, la moitié des associés libres formant au moins les deux tiers de la superficie des terrains, ou les deux tiers des associés représenatnt plus de la moitié de la superficie, se soient prononcés pour la conversion et que le préfet ait statué conformément à la délibération prise. — Il reste à examiner comment une association autorisée se trouve constitué *de plano*.

D'abord, le cas ne se présente que pour l'exécution et l'entretien des travaux spécifiés aux numéros 1, 2, 3, 4, 5, de l'art. 1er. — Les travaux de curage sont donc compris dans ce nombre, et les travaux d'irri—

gation en sont exclus. — En second lieu, pour la formation de ces associations, l'initiative appartient soit à l'un ou à plusieurs des intéressés, soit au préfet, — « Les propriétaires intéressés, porte l'article 9, à l'association des travaux spécifiés dans les numéros 1, 2, 3, 4, 5, de l'art. 1er peuvent être réunis par arrêté préfectoral, en association syndicale autorisée, soit sur la demande d'un ou de plusieurs d'entre eux, soit sur l'initiative du préfet. »

Aux termes de l'article 10, le préfet ordonne une enquête administrative qui porte tant sur les plans, avant-projets et devis des travaux, que sur le projet même d'association. — Le plan indique le périmètre des terrains intéressés et est accompagné de l'état des propriétaires de chaque parcelle. Le projet d'association spécifie le but de l'entreprise et détermine les voies et moyens nécessaires pour subvenir à la dépense. — Les formes de l'enquête administrative ont été fixées par un règlement d'administration publique intervenu à la date du 17 novembre 1865. — Quant à la rédaction des avant-projets, plans et devis, toute latitude est laissée par la loi au préfet et aux intéressés pour le choix des agents chargés de ce travail. Il est le plus souvent confié aux ingénieurs des Ponts-et-Chaussées, surtout quand l'administration agit d'office, et alors il y a lieu d'appliquer les dispositions du décret du 10 mai 1854 pour les frais d'ingénieur.

Après l'enquête, les propriétaires qui sont présumés devoir profiter des travaux sont convoqués en assemblée générale par le préfet qui en nomme le président sans être tenu de le choisir parmi les membres de l'assemblée (art. 11). — Grâce à cette dernière disposition qui donna lieu cependant à une critique assez vive au sein du Corps législatif, lorsque des intérêts contraires se trouvent en présence, les délibérations sont prises sous la direction d'une personne désintéressée dans la question, qui éclaire les esprits sur l'utilité de l'entreprise projetée, qui agit avec une plus complète impartialité et exerce ainsi la plus heureuse influence sur le résultat de la réunion préparatoire. — L'article 11 ajoute : « Un procès-verbal constate la présence des intéressés et le résultat de la délibération. Il est signé par les membres présents et mentionne l'adhésion de ceux qui ne savent pas signer. — L'acte contenant le consentement par écrit de ceux qui l'ont envoyé en cette forme est mentionné dans ce procès-verbal et y reste annexé. — Le procès-verbal est transmis au préfet. »

La disposition contenue en l'article 12 a trait au vote et à ses résultats. Elle est l'une des plus importantes de la loi, puisqu'elle permet à un certain nombre de propriétaires d'imposer à leurs voisins l'association syndicale avec toutes les charges qui en découlent. — Suivant les expressions mêmes du rapporteur, M. Seneca, cet article consacre la loi des majorités en combinant toutefois les intérêts avec le nombre. « Si la moitié des intéressés, y lisons-nous, représentant au moins les deux tiers de la superficie des terrains, ou si les deux tiers des intéressés représentant plus de la moitié de la superficie ont donné leur adhésion, le préfet autorise, s'il y a lieu, l'association. »

Sans doute, dès que l'association est reconnue comme un moyen utile d'exécution et d'entretien de certains travaux, les bienfaits qu'on peut en attendre ne sauraient dépendre d'une minorité capricieuse ou inintelligente. Mais, en même temps que le législateur doit donner satisfaction à l'intérêt général, il doit aussi ménager des garanties aux propriétaires dissidents. — Ces garanties, nous les rencontrons dans l'importante majorité qu'exige l'article 12, et dans les règles que posent les art. 13 et 14.

Il nous semble en effet qu'en exigeant plus que la majorité en nombre et en superficie, le législateur a tenu le plus grand compte de ce que pouvait exiger l'intérêt de la minorité, et que sa sollicitude ne pouvait aller au delà. Peut-être serait-il à craindre que les conditions mêmes de notre article fussent rarement remplies et que la majorité, grâce à l'abstention des indifférents, appartînt le plus souvent aux opposants. — « Un extrait de l'acte d'association, continue l'article 12, et de l'arrêté du préfet, en cas d'autorisation, et, en cas de refus, l'arrêté du préfet, sont affichés dans les communes de la situation des lieux et insérés dans le recueil des actes de la préfecture. »

La seconde garantie offerte à la minorité pour échapper à une pression arbitraire de la majorité ou aux charges disproportionnées qui résulteraient pour elle de l'association consiste soit, aux termes de l'art. 13, dans le recours au ministre des travaux publics sous le délai d'un mois, soit, aux termes de l'article 14, dans le délaissement. — « Les propriétaires intéressés, dit l'article 13, et les tiers peuvent déférer cet arrêté (préfectoral) au ministre des travaux publics dans le délai d'un mois à partir de l'affiche. — Le recours est déposé à la préfecture et transmis avec le dossier au ministre, dans le délai de quinze jours. — Il est statué par un décret rendu en Conseil d'État. » — Art. 14. « S'il s'agit des travaux spécifiés aux n°s 3, 4 et 5 de l'article 1er, les propriétaires qui n'auront pas adhéré au projet d'association pourront, dans le délai d'un mois ci-dessus déterminé, déclarer à la préfecture qu'ils entendent délaisser, moyennant indemnité, les terrains leur appartenant et compris dans le périmètre. Il leur sera donné récépissé de la déclaration. L'indemnité à la charge de l'association sera fixée conformément à l'article 16 de la loi du 21 mai 1836. »

Ainsi donc le recours est ouvert à tous les propriétaires intéressés dissidents ou non, et même aux tiers qui ne se trouvant pas compris dans l'association se croiraient lésés par les travaux projetés. — Mais ce recours diffère, à notre avis, du recours contentieux ordinaire lequel reste d'ailleurs ouvert (art. 17 de la loi) à chacun des intéressés pour contester la qualité d'associé ou la validité de l'association au point de vue de son intérêt privé. — Nous sommes fondé à le croire en présence de la rédaction du projet. D'après lui la décision émanait du ministre, la section des Travaux publics au Conseil d'État entendue. — En notre matière par conséquent le Conseil d'État substitué au ministre pour examiner si le préfet n'a point lésé par son arrêté un intérêt supérieur à celui qu'il a voulu protéger, administre et ne juge pas. Dès lors sa décision doit intervenir sans plaidoiries, sans publicité et sans frais, sur le vu des pièces et documents réunis dans l'instruction locale et transmis au ministre. — C'est en ce sens qu'a été interprété l'article 13 par l'instruction ministérielle dans le passage suivant : « Les recours, déposés à la préfecture, doivent, en vertu de l'article 13, être transmis avec le dossier, au ministre, dans le délai de quinzaine. Je vous prie, M. le préfet, de faire en sorte que ce délai ne soit pas dépassé, et que le dossier renferme toutes les pièces et tous les renseignements nécessaires pour permettre au Conseil d'État de statuer à bref délai, sans exiger une instruction supplémentaire. »

La faculté de délaissement (art. 14) a été introduite par un amendement de la commission lorsqu'il s'agit de travaux spécifiés aux n°ˢ 3, 4 et 5 de l'art. 1er. « La faculté de délaissement, lisons-nous dans le rapport, a paru à votre commission justifiée par de puissantes considérations d'équité. Il peut se trouver dans la minorité de l'article 12, des résistances légitimes au point de vue de l'intérêt privé, qui ne s'identifierait pas avec l'intérêt collectif. Un propriétaire peut ne pas être en mesure de satisfaire à des dépenses actuelles qui ne doivent lui procurer que des avantages futurs et peut-être incertains; l'association devra accepter pour son compte des charges et des chances présumées devoir être plus profitables pour elle que pour l'intérêt individuel. »

— Le délaissement ne s'applique point aux associations formées en vue du curage et de l'irrigation. « Les propriétaires, a dit le rapporteur, intéressés aux endiguements et au curage n'en profiteront pas. Le Conseil d'État a pensé sans doute que, dans ces deux cas, le délaissement peut inquiéter et entraver l'association. Quant aux nos 6, 7 et 8 de l'art. 1er, le délaissement des propriétaires dissidents ne pouvait leur être applicable, puisque les associations ne peuvent, pour ces objets, se former que du consentement unanime des propriétaires. » — « Nous n'étendons pas, a dit encore le commissaire du gouvernement, la mesure du délaissement au cas du curage et de l'endiguement, parce que le curage et l'endiguement des cours d'eau, c'est-à-dire la préservation de la propriété privée contre le débordement et la stagnation des eaux est une obligation imposée par la loi existante aux propriétaires. C'est une servitude légale. Il faut que les cours d'eau soient curés, il faut que les digues soient élevées, pour que les récoltes ne soient pas perdues, pour qu'il n'y ait pas de stagnation d'eau ni de miasmes délétères. Voilà la législation. Nous sommes resté au point de vue de cette législation, et alors nous n'avons pas compris que les propriétaires auxquels incombe cette servitude de curage ou de préservation contre les inondations puissent invoquer le droit d'expropriation ou de délaissement à leur profit, parce qu'ils ne voudraient pas contribuer à une dépense obligatoire établie par la législation existante. — Ce n'est pas au nom d'un intérêt privé que peut se former une association pour des travaux de curage et d'endiguement: c'est au nom de l'intérêt public, dans un intérêt collectif, dans l'intérêt de la salubrité, aussi bien que dans l'intérêt du domaine rural et des récoltes. C'est parce qu'il y a cet intérêt public que nous n'admettons pas qu'un propriétaire puisse échapper à cette servitude en disant: je délègue le soin de ma propriété à mon voisin ». — On a ajouté avec raison qu'en matière de curage des associés ne pouvaient avoir un intérêt sérieux à se soustraire aux obligations de l'association, parce qu'ils retomberaient sous les obligations plus onéreuses imposées par la loi, le curage fait en droit soi et aux frais de chaque particulier étant moins bien exécuté et plus dispendieux. — On a répété enfin qu'en de pareilles conditions, permettre le délaissement serait autoriser une injustice, parce que le délaissant échapperait ainsi tant aux obligations imposées par l'association qu'à celles imposées par la loi. — La considération qui, en dernière analyse, a dû dominer dans cette question est la prépondérance de l'intérêt de tous sur l'intérêt d'un seul. On comprend dès lors que le délaissement ait été rendu applicable aux syndicats dans lesquels l'intérêt d'amélioration joue le principal rôle, tandis qu'il ne l'a point été à ceux qui intéressent l'utilité générale d'une manière si directe que l'administration doive intervenir quand leur action fait défaut.

Le délaissement prévu par notre article 17 est une véritable aliénation volontaire. Il faudra donc s'en rapporter au droit commun, et non aux dispositions de la loi du 3 mai 1841 ou même à l'art. 4 de notre loi de 1865, quand cette faculté devra être exercée par des propriétaires qui n'auront pas la libre disposition de leurs biens. — Mais, si le délaissement constitue une aliénation volontaire pour le propriétaire qui refuse d'adhérer à l'association, il constitue une véritable expropriation à l'égard du syndicat obligé d'acquérir et de payer le prix. — Le syndicat profite donc des immunités de timbre et d'enregistrement énumérées en l'art. 58 de la loi de 1841.

Règles spéciales aux associations autorisées. — Seules, aux termes de l'art. 15, les associations autorisées jouissent du privilège (déjà reconnu par les lois de l'an XI, de 1807, et la loi annuelle des finances) de faire recouvrer leurs taxes comme en matière de contributions directes. — Les rôles dressés par les soins du syndicat sont rendus exécutoires par le préfet qui vérifie si le montant des taxes est en rapport avec l'intérêt qu'ont les contribuables à l'exécution et à l'entretien des travaux. Mais surtout l'article 15 généralise les dispositions de la loi de floréal an XI exposées plus haut à propos du curage. — Le recouvrement des taxes est fait soit par un percepteur, soit par un receveur spécial choisi par le syndicat et nommé par le préfet. Il prête serment, dépose un cautionnement.

Les demandes en réduction ou en décharge, en réduction si la règle de proportionnalité n'a pas été observée à l'égard du propriétaire associé, en décharge si un propriétaire a été indûment imposé ou si les rôles n'ont pas été émis par des syndics régulièrement nommés, sont adressées au Conseil de préfecture sauf recours au Conseil d'État (Arrêts du Conseil d'État du 27 janvier 1865 et 2 février 1866). — On ne doit considérer comme intéressés que les propriétaires de parcelles comprises dans le périmètre de l'association. Mais la présomption d'intérêt existe à leur égard et ne disparaît que devant la preuve contraire faite par eux dans l'instruction qu'ils peuvent provoquer. — Les demandes en décharge ou en réduction de taxes syndicales doivent être formées dans les trois mois de la publication des rôles. — Sont aussi applicables en la matière les articles 149 et 150 de la loi du 3 frimaire an VII qui font courir au profit du contribuable la prescription libératoire de trois ans à dater du jour où le rôle a été rendu exécutoire.

Les routes, chemins et autres parties du domaine public, sont soumis aux taxes syndicales suivant les bases admises pour les autres classes de terres. — Les routes, on le sait, ne sont dispensées que de la contribution foncière en vertu de la loi du 3 frimaire an VII.

L'assimilation du recouvrement des taxes syndicales au recouvrement des contributions directes conduit à reconnaître au profit du syndicat, pour la rentrée des taxes, la garantie d'un privilége analogue à celui du trésor en matière de contributions foncières (loi du 12 novembre 1808). — Il n'y a point de disposition formelle et explicite de la loi qui établisse le privilége des syndicats, mais la déclaration faite par le commissaire du gouvernement dans la discussion de l'art. 15 ne laisse place à aucun doute sur la question. — A défaut de cette déclaration les art. 3 et 4 de la loi du 17 juillet 1856 relative au drainage fourniraient encore un argument d'analogie suffisant pour démontrer l'existence du privilége.

Aux termes de l'art. 16, c'est le Conseil de préfecture qui, sauf recours au Conseil d'État, est compétent pour statuer sur les contestations relatives à la fixation du périmètre des terrains compris dans l'association, à la division des terrains en différentes classes, au classement des propriétés en rai on de leur intérêt aux travaux, à la répartition et à la perception des taxes, et à l'exécution des travaux. — Cette disposition qui n'est pas l'une des moins importantes de la loi consacre, en matière de travaux défensifs et de dessèchement de marais, un retour au droit commun ; car elle supprime la juridiction exceptionnelle et temporaire des commissions spéciales instituées par la loi du 16 septembre 1807. — Évidemment l'art. 16 supprime ces commissions comme organe de juridiction contentieuse : mais nous devons ajouter qu'il les supprime encore comme rouage administratif concourant à l'application de certaines formalités réglementaires, pour tous les cas dont s'occupe la loi de 1865 ; parce qu'il est difficile d'admettre que, perdant leurs attributions principales, les commissions trouvent une raison d'être suffisante dans des attributions secondaires. On ne saurait l'admettre surtout si l'on réfléchit que ces attributions sont plus avantageusement confiées soit au syndicat qui représente les intéressés, au cas d'association, soit aux agents nommés par le préfet, quand l'administration procède d'office à l'exécution de travaux défensifs ou de dessèchement (art. 26). (Instruction ministérielle du 11 août 1866.)

Un décret du Conseil d'État du 9 novembre 1865 prouve que ce Conseil maintient encore les commissions spéciales pour l'application de la loi du 28 mai 1858 en matière de travaux défensifs intéressant les villes Cette jurisprudence ne peut invoquer en sa faveur qu'un argument de texte, l'article 5 de la loi de 1858.

Comme les réclamations relatives aux rôles des contributions directes, celles relatives aux rôles des syndicats sont jugées sans frais par les Conseils de préfecture et le Conseil d'État, c'est-à-dire qu'il n'y a point de condamnation aux dépens à la charge du réclamant qui succombe ; que le pourvoi peut être formé devant le Conseil d'État par l'intermédiaire des préfets, et que, le ministère d'un avocat n'étant point requis, la partie qui y a eu recours en supporte seule la charge. — Mais ces immunités dont le caractère est exceptionnel ne s'étendent point aux contestations antérieurement soumises aux commissions spéciales et dont s'occupe l'art. 16 (Conseil d'État, 18 juillet 1860 — 9 mai 1866). — Il faut reconnaître cependant que si, après l'émission des rôles et dans un délai de trois mois, les intéressés élèvent une réclamation et n'invoquent des moyens contre le périmètre, le classement ou la fixation des parts contributives, que pour obtenir décharge ou réduction de la taxe, ils bénéficieront des avantages inhérents aux contestations en matière de contributions directes.

En vertu de la disposition finale de l'article 16 : « Il est procédé à l'apurement des comptes de l'association, selon les règles établies pour les comptes des receveurs municipaux » ; et en vertu de l'article 7 du décret du 27 janvier 1866, les caissiers des associations soit antérieures soit postérieures à la loi de 1865 sont dans les mêmes conditions que les receveurs municipaux. Leurs comptes de gestion, au dessous de 30,000 francs, sont jugés en premier ressort par le Conseil de préfecture, sauf révision par la Cour des comptes; et celle-ci connaît seule des comptes dépassant ce chiffre.

Pour faciliter le recours des associations aux grands établissements de crédit en dispensant ceux-ci de vérifier la validité de l'acte d'association relativement à chacun des associés, l'article 17 a été introduit dans la loi sur la proposition de la commission. Il est ainsi conçu : « Nul propriétaire compris dans l'association ne pourra, après le délai de quatre mois, à partir de la notification du premier rôle des taxes, contester sa qualité d'associé ou la validité de l'association. » La notification sera suffisamment constatée soit par un acte d'huissier, soit par un procès-verbal dans la forme administrative émanant d'un maire ou d'un autre agent administratif compétent, soit par un récépissé signé de l'intéressé lui-même ou d'une personne qui le représente. — La forclusion qui résulte de l'écoulement du délai de quatre mois n'a trait qu'aux contestations portant sur la qualité d'associé ou sur la validité de l'association. On rentre dans le droit commun, c'est-à-dire que la déchéance est encourue après l'expiration des trois mois du rôle quand le débat porte uniquement sur un intérêt de quotité de la taxe.

En faveur des associations syndicales, l'article 18

organise un système d'expropriation tout particulier. Il est emprunté tout à la fois à la loi du 3 mai 1841 et à la loi du 21 mai 1836. — Ainsi, d'une part. un arrêté préfectoral ne suffit point pour déclarer l'utilité publique comme en matière de chemins vicinaux ; il faut un décret. D'autre part, c'est le petit jury, c'est-à-dire un jury composé de quatre membres et présidé par le juge de paix ou l'un des membres du tribunal d'arrondissement, qui statue sur le règlement de l'indemnité. « Dans le cas, porte l'article 18, où l'exécution des travaux entrepris par une association syndicale autorisée exige l'expropriation de terrains, il y est procédé conformément aux dispositions de l'art 16 de la loi du 21 mai 1836, après déclaration d'utilité publique par décret rendu au Conseil d'État. » — La confusion d'idée qui signale en quelque sorte la discussion de cet article ne permet point de décider avec certitude si le décret déclarant l'utilité publique doit être accompagné de la double enquête prescrite par l'ordonnance du 18 février 1834 pour les grands travaux publics, ou s'il faut se contenter de l'enquête prescrite par l'ordonnance royale du 23 août 1835 pour les travaux d'intérêt purement communal.—Il y a tout lieu de croire que l'enquête ouverte dans les formes ordonnées par l'article 10 de notre loi et par le règlement d'administration publique du 17 novembre 1865 suffit, tant pour constituer le syndicat que pour provoquer la déclaration d'utilité publique. D'une part, cette enquête se rapproche beaucoup de celle qu'a prescrite l'ordonnance de 1835, et d'autre part, ce mode de procéder est recommandé par la circulaire ministérielle du 12 août 1865 : « Cette expropriation, y est-il dit, ne peut avoir lieu, à moins du consentement formel des propriétaires à exproprier, qu'après déclaration d'utilité publique par décret rendu en Conseil d'État. En conséquence, lorsqu'il y aura lieu de déclarer l'utilité publique, vous devez m'adresser, avec le projet des travaux à exécuter, les pièces de l'enquête à laquelle ce projet aura été soumis, en vertu de l'article 10 de la loi, afin que je puisse soumettre le tout à l'examen du Conseil d'État. »

Après l'enquête, le décret déclaratif d'utilité publique, l'accomplissement des mesures de publicité conformément aux articles 5, 6 et 7 de la loi du 3 mai 1841, et enfin l'arrêté de cessibilité rendu conformément à l'article 12 de la même loi par le préfet en Conseil de préfecture et sur l'avis du syndicat, le tribunal civil rend le jugement d'expropriation et désigne en même temps le magistrat directeur et les membres du jury conformément à l'article 16 de la loi du 21 mai 1836. Toutes les formalités, d'ailleurs, prescrites par les articles 15 à 20 et les règles des titre IV et suivants de la loi de 1841 sont applicables en notre matière. — En un mot, sauf la commission d'enquête prescrite par les articles 8, 9 et 10 de la loi de 1841, et ce qui concerne la formation du jury, l'expropriation faite à la requête des associations syndicales n'offre point de différence avec celle faite à la requête de l'État, des communes ou des départements.

Afin de simplifier la procédure et d'avoir des règles uniformes pour toutes les matières susceptibles de faire l'objet d'une association syndicale, le législateur de 1865 a trouvé à propos de substituer la juridiction des juges de paix à celle des tribunaux civils et de déroger ainsi aux lois de 1845 et 1847 sur les irrigations. — « Lorsqu'il y a lieu, dit l'article 19, à l'établissement de servitudes conformément aux lois, au profit d'associations syndicales, les contestations sont jugées suivant les dispositions de l'article 5 de la loi du 10 juin 1854. » — Évidemment il s'agit ici des servitude d'aqueduc, d'appui, d'écoulement des eaux. — Nous ferons remarquer que l'uniformité complète à laquelle voulait arriver le législateur en matière de compétence ne se trouve point réalisée ; parce qu'aujourd'hui encore les syndicats libres qui veulent user des servitudes mises à leur disposition par les lois de 1845 et 1847 doivent recourir au tribunal civil. Mais l'article 19, comme les dispositions avantageuses des articles 15, 16, 17 et 18, deviendront applicables à ces associations si elles obtiennent l'autorisation administrative, si elles se font convertir en associations autorisées suivant les règles de l'article 8.

On peut résumer le titre IV de la loi des associations

syndicales relatif à la représentation de la propriété dans les assemblées générales dans l'énoncé des quatre principes que la commission déclarait avoir adoptés comme points de départ, à savoir : 1° que l'intérêt dans l'association dérive de la propriété, — 2° que la représentation de la propriété doit être proportionnée à l'intérêt, — 3° que le choix des syndics doit régulièrement appartenir à l'assemblée générale des intéressés, — 4° que l'action des syndics doit être libre, sauf l'intérêt public.

Cette matière était renvoyée par le projet de loi à un règlement ultérieur d'administration publique ; mais on a estimé que des dispositions qui se référaient à des matières si diverses devaient recevoir de la loi elle-même un caractère de généralité qui les rendît applicables à chacune. — La lecture des articles 20 à 24 suffit à leur propre interprétation.

Sous la rubrique *Dispositions générales*, le titre V de la loi renferme deux articles qui ont pour but de consacrer les droits de haute police de l'administration. — Nous lisons, art. 25 : « A défaut, par une association, d'entreprendre les travaux en vue desquels elle aura été autorisée, le préfet rapportera, s'il y a lieu et après mise en demeure, l'arrêté d'autorisation. — Il sera statué par un décret rendu en Conseil d'État, si l'autorisation a été accordée en cette forme. — Dans le cas où l'interruption ou le défaut d'entretien des travaux entrepris par une association pourrait avoir des conséquences nuisibles à l'intérêt public, le préfet, après mise en demeure, pourra faire procéder d'office à l'exécution des travaux nécessaires pour obvier à ces conséquences. » — Évidemment les deux premiers alinéas de l'article 25 ne s'appliquent qu'aux associations autorisées, tandis que le dernier alinéa s'applique tant aux associations libres qu'aux associations autorisées. — Il suffit, pour le retrait d'autorisation, que le syndicat mis en demeure n'exécute pas les travaux en vue desquels il a été créé. Mais il faut, au cas du troisième paragraphe, que l'interruption ou le défaut d'entretien puisse nuire à l'intérêt public pour que le préfet soit en droit de faire exécuter d'office par le syndicat les travaux qui préviendront ou feront cesser ces fâcheux résultats; le devoir du préfet étant de sauvegarder l'intérêt public, nullement de suppléer à l'action syndicale pour l'exécution des travaux.

Le dernier, mais l'un des plus importants articles de la loi est ainsi conçu: « La loi du 16 septembre 1807 et celle du 14 floréal an XI continueront à recevoir leur exécution à défaut de formation d'associations libres ou autorisées, lorsqu'il s'agira de travaux spécifiés aux numéros 1, 2 et 3 de l'article 1er de la présente loi. — Toutefois, il sera statué à l'avenir, par le Conseil de préfecture, sur les contestations qui, d'après la loi du 16 septembre 1807, devaient être jugées par une commission spéciale. — En ce qui concerne la perception des taxes, l'expropriation et l'établissement de servitudes, il sera procédé conformément aux articles 15, 16, 18 et 19 de la présente loi. »

Il ne faut pas voir dans les dispositions de cet article une consécration indirecte des associations forcées que le législateur a solennellement déclaré ne point admettre. — En dehors des conditions de l'article 12, le lien syndical ne peut jamais être imposé par l'administration. Mais, comme le fait remarquer le rapport de la commission, « en présence d'associations dont la formation dépendait de la volonté d'un certain nombre d'intérêts privés, l'intérêt public ne pouvait être subordonné aux résistances qu'il pouvait rencontrer de ce côté, et devait conserver ses moyens d'action qu'il tenait de lois spéciales. La loi du 16 septembre 1807 sur les endiguements et sur le dessèchement des marais, la loi du 14 floréal an XI sur le curage des rivières devaient donc rester en vigueur. » — L'État s'est réservé le droit d'intervenir en cas d'urgence et pour l'exécution de certains travaux intéressant la sécurité et la salubrité publique. « Il ne s'agit pas, disait encore le rapporteur, M. Senéca, de contester au gouvernement le pouvoir de décréter des mesures de haute administration et de police dans l'intérêt public : ce pouvoir lui est reconnu ; mais il l'exerce avec des formes et des garanties qui lui sont propres. Autre chose est de grever la propriété de servitudes, et même d'aller jusqu'à l'expropriation ; autre chose est d'imposer à des propriétaires la qualité d'associés, avec des chances qu'ils ont considérés comme trop incertaines, ou des charges qui leur ont paru trop lourdes; » et plus loin: « Votre commission a pensé qu'il y avait en même temps plus de vérité et plus de garanties à conserver aux mesures d'intérêt pnblic leur véritable caractère, plutôt que de les aggraver sous une dénomination nouvelle. »

Au reproche adressé par un député, M. Guillaumin, de rétablir par l'article 26 les associations forcées que l'on avait fait disparaître de l'article 14, le commissaire du gouvernement répondait qu'il était de jurisprudence qu'après enquête, l'urgence de certains travaux étant reconnue, un décret organisât des associations syndicales contre le gré même des propriétaires, mais que ce système avait reçu sa condamnation. « En effet, disait-il, qu'est-ce que nous faisons? Une loi d'association. Et du moment que la commission du Corps législatif maintenait le principe posé dans les lois de l'an XI et de 1807, à savoir: que par voie de contribution, par voie de police des eaux, le préfet était armé d'un pouvoir suffisant pour rendre des rôles exécutoires, afin de faire exécuter les travaux obligatoires, il n'était pas besoin de recourir à la forme de l'association. C'était quelque chose qui pouvait, à un certain point de vue, paraître anormal, que de prendre le procédé de l'association pour faire certains travaux alors que les individus ne voulaient pas se réunir et s'associer. C'est là, Messieurs, la distinction principale à laquelle le gouvernement et le Conseil d'État ont donné les mains, distinction qui a été faite par la commission. Oui, à l'avenir, nous n'aurons pas d'associations organisées par décret pour faire des travaux pour lesquels on n'aura pas, dans l'assemblée générale des intéressés, trouvé soit la majorité en nombre, soit la majorité des intérêts. » — Dans la suite de la discussion M. Sénéca disait encore : « Il restait une chose à faire : laisser subsister la loi de 1807 avec les mesures de défense et de protection qui sont prises par le gouvernement lui-même. C'est le gouvernement alors qui en prend la responsabilité. Ces mesures ont été réservées, et les lois qui accordent ces pouvoirs au gouvernement continueront d'exister. Nous avons préféré ces sortes de mesures avec les garanties qu'elles peuvent offrir, même aussi avec la plus-value de la loi de 1807, à l'association pure et simple dans les conditions où elle était présentée dans le projet de loi. » — « Le gouvernement, déclarait enfin M. de Franqueville, son commissaire, avait demandé, dans le principe, que toutes les fois qu'il n'y aurait pas de majorité constituée pour les travaux énoncés aux deux premiers paragraphes de l'article 1er, il pût être autorisé à constituer des associations syndicales d'office. La commission n'a pas cru que ce fût possible. C'est alors que le gouvernement, en acceptant l'avis de la commission et en renonçant ainsi à constituer d'office des syndicats d'endiguement et de curage, a demandé et obtenu de votre commission, en compensation de l'abandon de cette faculté, le maintien formel du pouvoir dont il est armée par la loi de l'an XI et la loi de 1807. »

Ces diverses déclarations n'offrent certainement point toute la netteté suffisante, et le législateur ne caractérise point franchement le rôle que joueront, en cas de nécessité, les lois de 1807 et de l'an XI. — Il est un point cependant qui nous semble ressortir de toute cette discussion quant au régime nouveau fixé par la loi de 1865 ; c'est que cette loi ne pourra jamais donner lieu qu'à des associations soit libres, soit autorisées, et qu'il ne pourra véritablement exister, en vertu de la loi des associations, une seule association forcée. — Quant à la réserve faite par le gouvernement dans l'article 26, elle a la portée suivante. — En dehors des associations, il pourra exister des institutions qui leur emprunteront certaines formes, certains traits de ressemblance, mais auxquelles on n'aura recours qu'en cas d'urgence et lorsque la tentative d'une association syndicale aura échoué. Ces institutions, sous le nom même de syndicats, ne seront que des agences, des administrations nommées par l'autorité pour diriger plutôt que pour représenter l'intérêt collectif, sans aucun esprit d'association ni d'union solidaire. — C'est en ce sens, à notre avis, que la circulaire ministérielle interprète l'article 26 dans le passage suivant : « Le gouvernement peut donc prescrire d'office l'exécution de travaux d'endiguement ou de curage, et prononcer la concession d'un dessèchement de marais, en se conformant aux dispositions des lois de 1807 et de l'an XI ; mais l'exercice de ce droit exige toujours, sauf pour les curages opérés conformément aux aux anciens règlements ou usages locaux l'intervention d'un décret délibéré en Conseil d'État, et ce n'est qu'en présence d'un intérêt public incontestable que l'administration se déterminera à imposer à des propriétaires l'exécution de travaux dont ils auraient refusé de reconnaître l'utilité. »

Il importe de remarquer que l'on a tâché d'atténuer dans la rédaction de l'article 26 les imperfections que l'on reprochait à la loi de 1807 en modifiant ce qui a trait aux commissions spéciales, au recouvrement des taxes, à l'expropriation aux servitudes ; en soumettant ces divers points à la réglementation des articles 15, 16, 18 et 19 de la nouvelle loi, et en substituant la juridiction des Conseils de préfecture à celle des commissions spéciales pour tous les contestations spécifiés en l'article 16. — « Ces dispositions, nous apprend la circulaire ministérielle, ont pour effet d'établir, pour des cas analogues, l'unité de juridiction, soit que les travaux aient été établis par une association syndicale, soit qu'ils aient été prescrits par un acte de l'autorité publique. »

Ce serait sortir de notre sujet que d'entrer dans des détails sur l'application de la loi de 1807 ; et, en ce qui concerne la loi de floréal an XI, nous ne pouvons que renvoyer aux développements déjà donnés (pag. 160 et suiv.).

Nous ne nous dissimulons point que grande a été notre témérité quand nous avons entrepris cette étude de la législation des irrigations. — La matière des eaux, remarque judicieusement M. Godoffre au début de son commentaire de la loi de 1865, est, de l'aveu de tous les auteurs, des jurisconsultes et des hommes de pratique, hérissée de difficultés dont la solution est d'autant plus embarrassante que dans beaucoup de cas, la législation faisant défaut, il faut raisonnner à l'aide d'analogies plus ou moins éloignées et se fier aux lumières du droit commun. — Que notre inexpérience nous serve donc d'excuse et que l'on oublie les imperfections de notre travail pour ne se souvenir que des efforts soutenus qu'il imposait à notre faiblesse.

FIN.

POSITIONS.

DROIT ROMAIN

I. La propriété des riverains sur le lit desséché, les îles et l'alluvion, au cas *d'agri occupatorii*, n'était pas l'effet d'une acquisition nouvelle.

II. La règle « : *nuptias non concubitus, sed consensus facit*, » ne signifie pas que le mariage existe *solo consensu*.

III. La jurisprudence romaine admit de bonne heure que l'*infantia* qui rend incapable de figurer dans une stipulation se prolonge jusqu'à l'âge de sept ans.

IV. C'est à celui qui intente l'action négatoire de prouver l'inexistence de la servitude.

V. L'erreur de droit, si elle est excusable, suffit pour fonder la *condictio indebiti*.

VI. Le pacte qui ne produit point d'action produit tout au moins une obligation naturelle.

VII. On ne peut faire résulter de la loi 60 *de condictione indebiti* (dig.) que le débiteur *inique absolutus* reste obligé naturellement.

VIII. Alors que pour la corréalité active la réponse doit intervenir *post omnium interrogationem*, il ne peut y avoir de corréalité passive si la réponse de l'un des deux *rei promittendi* précède l'interrogation adressée à l'autre.

IX. Aussi bien que la *capitis deminutio*, l'*in integrum restitutio* obtenue par l'un des deux *rei promittendi* même *socii* ne diminue point le droit du créancier contre l'autre.

DROIT CIVIL FRANÇAIS

I. Les petits cours d'eau sont la propriété des riverains.

II. Pour que la prescription dont s'occupe l'article 642 C. N. puisse s'accomplir, il ne suffit pas que les travaux aient été faits par le propriétaire inférieur sur son propre fonds.

III. Les charges que les articles 640 à 653 qualifient servitudes naturelles et légales ne sont point véritablement des servitudes.

IV. L'étranger jouit en France de tous les droits civils qui ne lui ont point été formellement ou implicitement refusés par les textes de nos lois.

V. Pour que le jugement rendu par un tribunal étranger ait force de chose jugée et emporte hypothèque en France, il n'est point nécessaire que l'*exequatur* de nos tribunaux soit précédé de la révision du fond.

VI. La filiation naturelle peut être établie par la possession d'état vis-à-vis de la mère seulement.

VII. L'obligation de faire vérifier l'écriture du testament olographe incombe au légataire universel qui, en l'absence d'héritiers à réserve, a été envoyé en possession conformément à l'article 1008. C. N.

VIII. On doit admettre la partie contractante qui y a intérêt à prouver par témoins la simulation concertée dans le but de faire fraude à la loi, alors même que son consentement n'a été vicié ni par le dol ni par la violence.

DROIT ADMINISTRATIF

I. Le décret du 25 mars 1852 reconnaît aux préfets le droit d'assurer, au moyen de la forme syndicale, le curage des cours d'eau non navigables ni flottables de la manière prescrite par les anciens règlements ou usages locaux ; mais rien au delà. Aucune innovation ni dérogation ne leur est permise.

II. Il peut exister en dehors de la délimitation administrative d'une rivière navigable, une limite naturelle dont la recherche appartient à l'autorité judiciaire, à l'effet de statuer, non sur la remise en possession des terrains litigieux, mais sur l'indemnité réclamée par le riverain dépossédé.

III. Les Conseils de préfecture sont compétents pour statuer sur les dommages permanents résultant de travaux publics.

IV. Les articles 30, 31 et 32, de la loi du 16 septembre 1807 n'ont point été abrogés par la législation postérieure.

V. On doit reconnaître le caractère de travaux publics aux travaux exécutés par des associations syndicales d'irrigation administrativement constituées avant la loi de 1865.

VI. L'autorité administrative ne peut ordonner, sans recourir à l'expropriation pour cause d'utilité publique, l'élargissement d'une rivière non navigable ni flottable; et, en pareil cas, les tribunaux compétents pour réintégrer le possesseur illégalement dépouillé le sont aussi pour prononcer sur les dommages-intérêts et la discontinuation des travaux.

DROIT PÉNAL.

I. L'action civile résultant d'un crime est à l'égal de l'action publique proscrite par dix ans à dater du jour du crime.

II. Il ne résulte point des articles 365 et 379 du Code d'Instruction criminelle que l'épuisement de la pénalité doive entrainer forcément l'épuisement de l'action.

DROIT DES GENS

I. En restreignant d'une façon notoire l'application du droit d'intervention, les idées nouvelles sur la souveraineté ne l'ont pas néanmoins fait disparaitre devant le principe contraire de la non-intervention.

II. Il n'est pas nécessaire, dans tous les cas, que le traité qui termine une guerre entre deux nations maintienne expressément les traités antérieurs, pour que ces traités demeurent obligatoires.

III. Le navire qu'une fortune de mer oblige de se réfugier dans un port ou sous le canon ennemi peut être retenu comme de bonne prise.

Vu par le Président de la Thèse,
VUATRIN.

Vu par le Doyen de la Faculté
G. COLMET D'AAGE.

Vu et permis d'imprimer, le Vice-Recteur de l'Académie de Paris,
A. MOURIER.

Abbeville. — Imprimerie H. Briez.

Abbeville. — Imprimerie P. Briez.

www.ingramcontent.com/pod-product-compliance
Ingram Content Group UK Ltd.
Pitfield, Milton Keynes, MK11 3LW, UK
UKHW022045190726
13855UKWH00002B/412